ÉDITORIAL

Tout est sous contrôle. Rassurante au premier abord, la petite phrase donne le vertige si on la prend au mot. Pas un angle mort, pas une rue, pas un citoyen qui échapperait au regard des autorités. En novembre 2020, les députés ont adopté en première lecture à l'Assemblée nationale la loi Sécurité globale. Des drones aux caméras-piétons, celle-ci a vocation à renforcer les dispositifs de surveillance de la population.

La tendance n'est pas nouvelle. Depuis l'apparition de caméras dans les rues de Levallois-Perret, il y a près de trente ans, ces bijoux technologiques se sont multipliés dans l'espace public. Aujourd'hui, rares sont les villes qui y résistent. Terrorisme, pandémie… Les peurs agissent comme autant de raisons de serrer la vis. Mais déjà des voix s'élèvent, des citoyens s'interrogent. Quel est le prix à payer pour notre sécurité ? Jusqu'où sommes-nous prêts à renoncer à nos libertés pour un sentiment de sécurité ? Faut-il se soumettre à ces yeux numériques qui suivent nos moindres faits et gestes ?

L'obsession sécuritaire touche aussi les groupes privés. En témoigne l'inquiétude du PDG de LVMH qui, pour prévenir le coup d'éclat d'une poignée de militants, s'offre les services de l'ancien chef du Renseignement intérieur, Bernard Squarcini. L'ancien grand flic s'exécute dans un drôle de mélange des genres. Dans la police, celui-ci est devenu fréquent.

En matière de défense aussi, les serviteurs de l'État se mettent à la solde d'intérêts privés. Ainsi, dans la Meuse, un campus militaire financé à grand renfort d'argent public a pu voir le jour grâce à quelques amitiés bien placées. Sa vocation ? Former les soldats d'un pays en guerre. Personne pourtant ne parvient à savoir si les officiers saoudiens sont présents.

Preuve qu'il existe encore des espaces qui échappent aux regards… Du moins, à ceux des citoyens.

SOMMAIRE

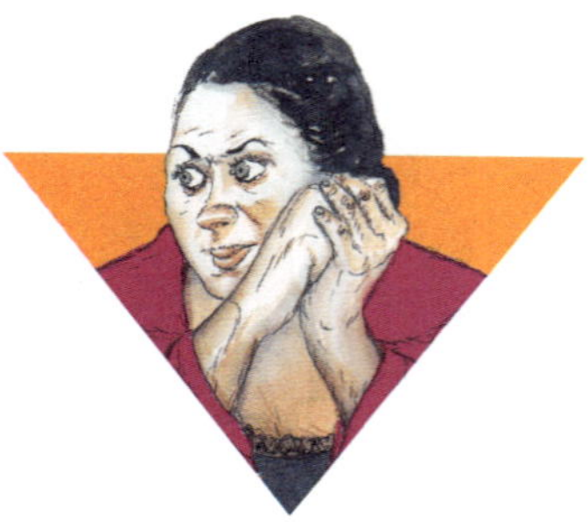

CHINE
CORÉE
DU
NORD
PY
Panmunjom
S
CORÉE
DU
SUD

THÉRAPIES DE GROUPE

J'ai découvert depuis peu votre revue et j'en suis devenu un fervent lecteur ! Vos enquêtes sont approfondies et ne manquent pas d'évoquer tous les points de vue, ce que j'apprécie grandement. J'ai lu l'enquête sur la ritaline et les TDAH, et j'ai quelques réserves que je souhaite partager avec vous. La controverse paraît se focaliser entre les pro-médicaments et les psychanalystes. Cela semble refléter une problématique bien française qui est la prédominance des psychanalystes sur les praticiens d'autres thérapies, notamment des TCC (thérapies cognitives et comportementales). Je trouve dommage que vous n'ayez pas donné davantage de place à cette approche dont l'efficacité est prouvée sur les troubles de ce type. Dominique

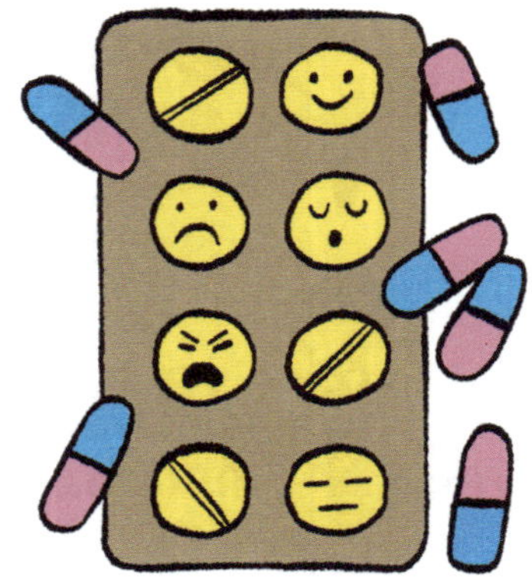

Cher Dominique, vous avez parfaitement raison. Il n'y a pas que les psychanalystes et les médicaments ! Réduire le champ médical à cette seule opposition n'était pas notre but. Nous avons choisi de nous concentrer sur la ritaline et d'interroger ses opposants. En l'occurrence, le milieu des psychanalystes fourmillait de publications sur le sujet. Ceux que nous avons sollicités s'accordent à dire que traiter l'hyperactivité requiert de la parole et du temps… Mais il aurait fallu montrer davantage les professionnels de santé qui font autrement. Cet autrement mériterait des reportages étalés dans le temps. Il n'y a pas que les praticiens des TCC qui manquent dans cette enquête, on y trouve également trop peu d'enseignants, de chercheurs qui travaillent sur le lien entre hyperactivité et environnement, mais également trop peu de pères… Nous avons réalisé ce reportage en six mois. Nous avons bien conscience de ne pas être exhaustifs !

CHÈRE REVUE, CHÈRE SÉCU

Je vous lis depuis le début. Pour moi, c'est indéniable : *La Revue Dessinée* fait partie de ce qui se fait de mieux pour comprendre les faits majeurs de notre société. J'ai porté une attention particulière à la lecture du reportage sur la sécurité sociale « Les jours heureux », publié dans le numéro #29. Merci à la journaliste Isabelle Dautresme et à la dessinatrice Alizée de Pin d'avoir su mettre en avant, face aux différentes critiques quant à son fonctionnement, les « valeurs de solidarité et d'entraide » de la Sécurité sociale que révèle au grand jour la crise sanitaire qui nous frappe. Je me permets de reprendre vos termes : la sécurité sociale est bien notre héritage d'une criante modernité. À vous suivre le plus longtemps possible. Bruno

Cher Bruno, merci pour vos encouragements et compliments. En ces temps compliqués, il nous a paru crucial de rappeler que d'autres périodes de crise ont débouché sur l'émergence de systèmes de solidarité. Une petite lueur d'espoir dans cette époque de distance et de morosité où il semble souvent difficile de faire société.

UN BIEN TROP PETIT NICOLAS

J'ai été vraiment choquée, dans votre édition spéciale *« Ne parlez pas de violences policières »*, par les vignettes qui se moquent de la taille de Nicolas Sarkozy. Une caricature au beau milieu d'une enquête, ça discrédite toute l'enquête ! Par ailleurs, je trouve lamentable d'attaquer quelqu'un sur son physique, alors que, pour ce personnage, il y a tant à dire sur ses actes, dont il est responsable. Certes, il y a des cibles faciles, mais ne nous trompons pas de combat. Anne

Chère Anne, pour nous, se moquer du physique aurait été clairement problématique s'il s'agissait de s'en prendre à une personne vulnérable ou victime de discriminations. Il s'agit, ici, de moquer les puissants, ce qui s'inscrit dans une longue tradition du dessin de presse et de la satire. Et cette représentation ne se substitue pas à une analyse sur le fond. Il s'agit plutôt d'un trait d'humour, d'un clin d'œil, qui allège ce récit dense. Libre à chacun de goûter cet humour mais soyez rassurée, nous ne nous trompons pas de combat.

LINKY, LE COMPTEUR S'EMBALLE

Je tenais à faire part de ma déception quant à l'évolution de la ligne éditoriale, j'en ai la perception, d'un journalisme de décryptage vers un journalisme d'opinion. Jusqu'à cet article sur les compteurs Linky qui relève même, j'en ai eu le sentiment, du complotisme. Cet article présente les opposants à l'installation de ces compteurs sous l'angle victimaire, sans appliquer de vérification factuelle et scientifique à leurs arguments. Il présente les compteurs Linky sous l'angle du capitalisme prédateur, sans donner de chance aux arguments de la bonne foi et du progrès. Une déconstruction de l'article montrerait qu'il a recours à des ressorts propres aux théories du complot… En espérant que ce soit juste une sortie de route mais pas un changement de cap. Thomas

Cher Thomas, quelques lecteurs nous ont signalé qu'ils étaient, comme vous, dérangés par cet article. Dès lors, nous devons bien reconnaître un écart entre l'intention et la réception. Ce malentendu trouve, selon nous, son origine dans l'angle choisi par la rédaction. Nous voulions revenir sur Linky sans replonger dans les débats d'experts sur lesquels beaucoup avait été dit. Ce qui nous intéressait, c'était la bataille autour de ce compteur et la prise en compte – ou non – des craintes des habitants. Nous avons donc pris le parti d'égrener ces craintes sans les développer. Pour nous, ce n'était pas au cœur du sujet. Avec le recul, ce choix était peut-être une erreur puisqu'il a donné à certains le sentiment d'un soutien inconditionnel aux opposants. *La Revue Dessinée* ne se définit pas comme le lieu d'un journalisme d'opinion. Cela dit, les travaux que nous publions sont le fruit de regards d'auteurs et portent donc une forme de subjectivité. Quant aux accusations de complotisme… La vocation de notre revue n'est pas de l'alimenter, c'est même tout l'inverse ! Preuve que le cap n'a pas changé : un décryptage des ressorts des « fake news » est au sommaire de ce numéro.

Bruxelles, ma belle

Dans le numéro #30, sous couvert d'un reportage sur l'architecture de l'Union européenne à Bruxelles (qui est moche), le journaliste dresse un parallèle curieux avec le bien-fondé des institutions et actions de l'Europe. En commun : monstre et impasse. Il est si facile de faire de l'euroscepticisme. Mais, chère revue, ne tombe pas dans l'attaque gratuite. Parle des programmes, du fond, des positions de l'Union européenne. On compte sur toi. Arianne

Chère Arianne, au-delà des quelques mots sur lesquels vous vous êtes arrêtée, notre propos n'est pas celui d'une tribune anti-Europe ou eurosceptique. Sur le projet en tant que tel, l'idée n'est pas de dire que le quartier européen est laid, donc que l'Europe est nulle, mais plutôt de s'interroger sur l'incapacité qu'a le projet européen à s'incarner dans la pierre à Bruxelles, et ce que cela révèle de la souveraineté controversée de l'Union européenne, de son imaginaire politique parfois insipide, d'un projet politique trop peu attrayant, qui se soucie peu des citoyens qui l'entourent. Sur l'approche politique plus globale, les premières fissures, dans le plafond de la plénière au Parlement européen, apparaissent en 2012, année où l'Union européenne (l'Eurogroupe et la Commission) exige des Grecs une politique d'austérité, d'une grande dureté, aux effets contre-productifs que l'on sait... Au même moment, l'Union européenne continue de négocier des traités de libre-échange, entre autres avec les États-Unis, sans aucun contrôle démocratique, et José Manuel Barroso quitte son poste de président de la Commission en 2014 pour devenir l'année suivante lobbyiste pour Goldman Sachs, illustrant à plein la politique de portes tournantes public-privé qui continue de sévir à Bruxelles. Autre exemple, la politique migratoire de l'Union européenne et ses deals sinistres. Bref, il est facile de trouver des « impasses » et des choix plus ou moins « monstrueux » ces dernières années...
Cela fait-il de notre journaliste un « eurosceptique » ? Depuis huit ans, il écrit sur la politique européenne, avec la conviction que c'est un levier essentiel et la certitude que ce n'est pas aider le projet européen que de refuser de le critiquer.

100 % de femmes mais...

J'ai récidivé et compté les femmes et les hommes parmi les auteurs et autrices de l'édition spéciale « violences policières ». Les journalistes sont des femmes à 100 %, mais le nombre de dessinatrices est toujours très faible (2 sur 13). La tendance est confirmée et accentuée : la place des femmes est très forte chez les journalistes et très faible chez les dessinateurs. Olivier

Merci Olivier de poursuivre ce travail de fourmi. Un numéro sur les violences policières écrit 100 % par des femmes : le fait est assez rare pour être souligné. Quant au dessin... Amies autrices de bande dessinée, envoyez-nous vos portfolios !

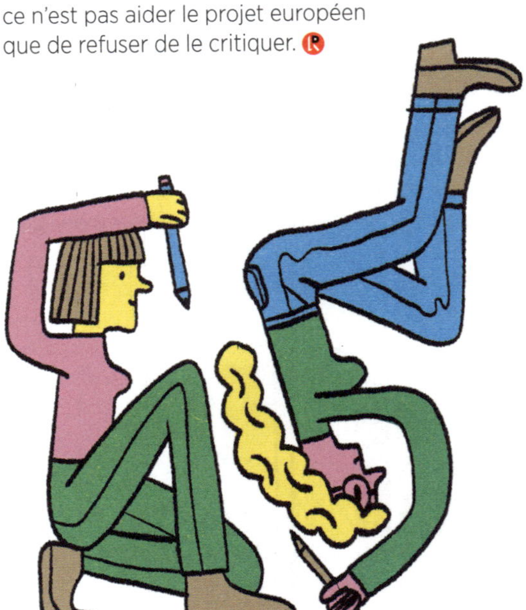

Avec un « e »

Tandis que nous essayons tant bien que mal, numéro après numéro, de lutter contre l'invisibilisation des femmes, quel ne fut pas notre effroi lorsque l'on nous a signalé un « e » manquant dans les conseils de lecture du numéro #29. Et pas n'importe lequel ! Nous avons écrit « *Le Ventre des femmes*, de François Vergès » au lieu de Françoise Vergès. Un comble pour un livre et une autrice féministes... Françoise, pardonnez-nous !

Coup double

Deux ouvrages maison, *« Ne parlez pas de violences policières »* et *Cent Mille Ans*, font partie de la très exigeante sélection au Prix France Info de la bande dessinée d'actualité et de reportage. Deux fois plus... de fierté !

Pour être précis

Dans le sujet « Obéissance sur ordonnance » de notre numéro #29, nous rapportions les propos d'une personne interviewée expliquant que *« la CPAM a réduit les prescriptions de ritaline car il y en avait beaucoup trop »*. Ces propos méritent d'être précisés : il y a bien eu une pénurie des gélules de ritaline à libération prolongée en 2018 dans de nombreuses régions françaises mais ce n'est, a priori, pas en lien avec une demande de la part de la CPAM.

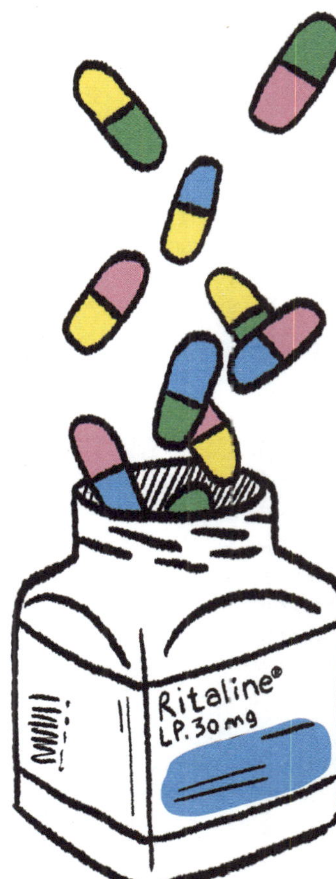

Leurs têtes en peinture

Représenter les représentants. Montrer le visage de ceux qui, par leur vote, voulaient interdire que des visages de policiers soient montrés. S'inscrivant, une fois encore, dans la longue tradition de la satire et usant de leur liberté d'expression, 30 dessinateurs et dessinatrices ont publié sur les réseaux sociaux, les portraits des 388 députés qui ont voté la loi Sécurité globale en première lecture à l'Assemblée, une information accessible à tous et toutes sur le site de l'Assemblée nationale. Relayer des informations d'utilité publique grâce à la force du dessin ? *La Revue Dessinée* ne pouvait que soutenir cette initiative !

ARMEMENT

LE CAMPUS DES SAOUDIENS

C'est le secret le mieux gardé de la Meuse. Des militaires saoudiens sont-ils présents près de la ville de Commercy sur un site de l'armée française reconverti ? S'entraînent-ils au maniement de tourelles-canons susceptibles d'être utilisées dans la guerre au Yémen ? Une chose est sûre, le campus des Saoudiens, censé accueillir ses stagiaires dès 2017, existe bel et bien. Flambant neuf, il a été financé à grand renfort d'argent public et grâce à d'importants soutiens politiques. Qu'importe si l'Arabie saoudite est accusée de crimes de guerre, la France accueille sur son sol le service après-vente des marchands de canons.

AUDREY LEBEL **M LEROUGE**

Ministère de la Défense, Paris, hiver 2011.
Bernard ! Comment vas-tu ?
Un ministre reçoit des nouvelles d'un vieil ami qui lui demande un petit coup de pouce.
Nancy (54), 2 octobre 2015.
C'est bon, ça passe !
Dossier suivant...
Le conseil régional de Lorraine vote une subvention de 600 000 euros pour l'implantation d'une entreprise belge sur une ancienne base militaire du territoire.
Septembre 2018, au beau milieu de la mer Rouge.
Doucement, malheureux... Ce ne sont pas des filets de cabillaud !
Dans le plus grand secret, un mystérieux chargement transite entre Le Havre et Jeddah (Arabie saoudite) à bord du cargo "Bahri Jazan".

Commercy (55), Grand Est, octobre 2019.
Ah, nous y voilà !
Il est interdit de rôder autour du très protégé Campus Cockerill, situé sur l'ancien site militaire du quartier Oudinot, qui s'étend sur 10 hectares.
Près des hangars dont dispose le centre de formation, on aperçoit des véhicules blindés surmontés de tourelles-canons.
Il s'agit bien des LAV 700 de General Dynamics Land Systems Canada (GDLS-C). La version améliorée des LAV 6.0 retrouvés au Yémen.
Aymeric Elluin
Chargé de plaidoyer à Amnesty International
Les tourelles-canons, elles, sont fabriquées par l'entreprise d'armement belge Cockerill, sous-traitant de la firme canadienne GDLS-C.
Cockerill doit livrer 700 tourelles-canons à monter sur les blindés commandés par Riyad à Ottawa.
Canons produits et assemblés par CMI Défense. Origine FRANCE.
Tourelles-canons fabriquées par Cockerill. Origine BELGIQUE.
Systèmes de visée fabriqués par Safran. Origine FRANCE.
Assemblage des tourelles-canons par GDLS-C Origine CANADA.
Il doit aussi assurer la formation à l'utilisation de ces armes.

1 : PROGRAMME DES NATIONS UNIES POUR LE DÉVELOPPEMENT.

Au Yémen, ce pays frontalier de l'Arabie saoudite, les soldats des forces armées saoudiennes affrontent les rebelles houthis, une minorité chiite soutenue par l'Iran.
Les ONG ne cessent de dénoncer la famine, le choléra, mais aussi les armes, les missiles, les bombes qui ciblent des hôpitaux, des marchés, des espaces et des transports publics.
Les plus grandes puissances internationales, dont la France, appellent à mettre fin au conflit…
Il est plus que temps que la guerre au Yémen cesse !
FLORENCE PARLY
Ministre des Armées françaises
… tout en continuant à fournir des armes à l'Arabie saoudite.

1 : RAPPORT 2020 DE L'INSTITUT INTERNATIONAL DE RECHERCHE POUR LA PAIX DE STOCKHOLM (SIPRI).

Des instructeurs français, issus de sociétés militaires privées (SMP), d'entreprises d'armement ou de l'armée, instruisent les soldats étrangers sur le sol du pays client...
... notamment des soldats saoudiens dont le pays est actuellement en guerre.
Le plus souvent, via une société militaire privée, la DCI, Défense conseil international, dont l'État français est actionnaire à 50 %.
Elle a été créée en 1972... pour l'Arabie saoudite.
La DCI se présente comme "l'opérateur de référence du ministère des Armées pour le transfert du savoir-faire militaire français à l'international, au profit des forces armées de pays amis de la France".
"[Elle] peut se prévaloir du label 'Formations armées françaises' et propose des prestations sur mesure de conseil, formation et d'assistance."
Comprendre : des formations également à l'utilisation d'armes.
En 2018, la DCI a réalisé un chiffre d'affaires de 240,7 millions d'euros.
JACKPOT

Non contente de former les soldats étrangers dans leurs pays, la France dispense également des formations directement sur son sol...
Et ce, dans ses plus hautes institutions :
École navale
LANVÉOC-POULMIC (29)
SAINT-CYR École militaire
PARIS (75)
L'ALMAK
Navire-école construit par la DCI spécialement pour les stagiaires des pays du Golfe.
École militaire
BOURGES (18)
École militaire et centre international de formation de la DCI
Centre international de formation académique et aéronautique (CIF-AA)
SALON-DE-PROVENCE (13)
DRAGUIGNAN (83)
Via des accords bilatéraux top secrets avec des "pays amis" tels que l'Arabie saoudite, dans le domaine de l'armée de l'air, de la marine et de l'armée de terre.
La guerre au Yémen n'a pas mis fin à cette transmission de savoir-faire : stratégies militaires, renseignement, maniement des armes, maintenance.
Pour nombre de juristes, Paris se rend complice de crimes de guerre notamment en assurant le maintien en condition opérationnelle de navires qui participent au blocus maritime au Yémen.
B76
Ces navires mettent en œuvre l'embargo responsable de la pire catastrophe humanitaire au monde.
La France ne peut pas ignorer ces données et se dédouaner.
C'est pourtant ce que fait en 2019, Jean-Yves Le Drian, ministre des Affaires étrangères :
Allons, allons.
Ce sont les autorités militaires saoudiennes qui ont la responsabilité de leur flotte de guerre.

Quand elle ne dispense pas directement ces formations, la France déroule le tapis rouge pour permettre à des entreprises d'armement de profiter de formations dans sa paisible campagne.
Souvenirs de Commercy
Ses madeleines
Son château
ses Gilets Jaunes
&
son Campus Cockerill

En 2013, Commercy assiste à la dissolution du 8e régiment d'artillerie (RA), installé depuis 1964 dans cette cité meusienne. Une perte de 849 emplois, soit 13,7 % de la population totale de la commune.

Le site du quartier Oudinot, où étaient implantés les militaires et leurs familles, est désormais vacant.

La dissolution du régiment de Commercy est une conséquence de la réforme de restructuration des armées par Jacques Chirac, appliquée par Nicolas Sarkozy en 2008. Au total, 54 000 postes militaires ont été supprimés sur tout le territoire français.
Pour pallier ces pertes, l'État a prévu un dispositif afin d'aider les entreprises qui s'installeront sur les anciens sites militaires.
Commercy
Un plan d'aide relevant du ministère de la Défense est mis en place par le préfet de région.
Il comporte une enveloppe budgétaire de 225 millions d'euros partagés entre une trentaine de sites en France.
Son but ? Recréer autant d'emplois que ceux disparus lors du départ des casernes. À Commercy, il s'élève à 25 millions d'euros. L'État assure 57 % du total des financements.
C'est le seul contrat de ce type signé dans le cadre du plan de restructuration des armées. La part de l'État est exceptionnelle. C'est une proportion inédite en comparaison des contrats de sites déjà signés.
COMMERCY
George PAU-LANGEVIN
Ancienne ministre déléguée au ministère de l'Éducation nationale - Sénat, novembre 2012.

À Commercy, des soldats saoudiens doivent venir se former au maniement des tourelles-canons pour la partie théorique de leur apprentissage.
Il s'agit de s'entraîner en salles de classe et sur des simulateurs créés tout spécialement pour l'occasion.
Avant de mettre en pratique la formation sur un terrain militaire à une centaine de kilomètres de là, à Suippes (Marne).
CAMP DE SUIPPES
DANGER DE MORT
Ce terrain de manœuvre d'environ 13 000 hectares est l'un des plus grands de France. Il sert à l'armée française, et ses pays "amis", pour mener des activités de tirs réels.

La possibilité pour la société belge Cockerill d'obtenir une portion du terrain d'entraînement est là aussi exceptionnelle. Auparavant, aucune entreprise privée d'armement, non française de surcroît, n'avait eu ses propres quartiers à Suippes.
À Commercy, le Campus peut accueillir jusqu'à 120 "stagiaires", comme on nomme ici les soldats saoudiens, accompagnés ou non de leurs familles.
Ce centre de formation de luxe, construit avec des matériaux dignes d'un hôtel 5 étoiles, était censé recevoir les militaires saoudiens à partir de 2017...
Découvrez le CAMPUS COCKERILL
ses Hôtels
sa Salle de Sports
ses Restaurants
Sauna Hammam
Sur une durée de sept ans au moins.
Bernard SERIN
PDG de Cockerill.

Cette nouveauté dans le paysage de la région Grand Est est l'œuvre de Gérard Longuet.
Actuel sénateur de la Meuse, ancien président du conseil régional de Lorraine, ancien ministre de la Défense sous l'ère Sarkozy de février 2011 à mai 2012.
Gérard Longuet et Bernard Serin, le PDG de Cockerill, sont des amis de vingt-cinq ans.
J'aurais peut-être besoin d'un site pour accueillir des stagiaires sur du matériel militaire que j'ai l'intention de vendre.
Mais il me faut la possibilité d'utiliser des terrains de manœuvre français pour essayer de vendre le matériel.
Hmm...
Je l'ai branché sur le chef d'état-major de l'armée de terre, le général Ract-Madoux. Je lui ai dit de l'appeler.
Une occasion en or pour le groupe belge Cockerill.
Hé Hé Hé
En donnant la possibilité à son client saoudien d'utiliser le site militaire français de Suippes dès 2012, il est assuré de décrocher le contrat du siècle.
Cockerill remporte 4,5 milliards d'euros pour la livraison des 700 tourelles-canons et la formation qui l'accompagne.
€
1,3 milliards
657 millions
tps
2013
2015
CHIFFRE D'AFFAIRES COCKERILL
Le contrat est signé en 2014.
Gérard Longuet ne cache pas avoir œuvré pour que l'entreprise belge, détenue à 80 % par Bernard Serin, puisse s'implanter dans la Meuse.
Gangsta
Rules

Il est fier d'avoir participé à la reconversion du bassin de Commercy.
Un projet pour lequel je me suis personnellement beaucoup impliqué.
Là encore, les relations que j'ai nouées en Lorraine et au ministère de la Défense ont été décisives.
Je vous le dis pour qu'il n'y ait aucune ambiguïté. Si jamais mes relations avec des industriels de ce secteur me permettaient d'ouvrir une porte au bénéfice de la Meuse…
… je le ferais immédiatement.
Je ne suis pas en mesure d'interdire la guerre dans le monde.
Bzt !
Valérie ? Apportez-moi une camomille, voulez-vous…
Tout de suite, monsieur !
Moi, j'ai envoyé, en tant que ministre de la Défense, l'armée française bombarder les troupes de Kadhafi.
Je ne porterai pas de jugement mais on a quand même pris un marteau-pilon pour écraser quelques fourmis.
Merci, ma chère.
Quand la France vend des Rafale, en Inde, ce n'est pas pour le défilé du 14 juillet local.
C'est pour transformer les gens en charbon de bois !

L'équipementier belge Cockerill n'a souhaité répondre à aucune de nos demandes d'interview.
Depuis le printemps 2019, il fait profil bas.
En mai, l'enquête journalistique #BelgianArms prouve que ses tourelles-canons sont utilisées dans le conflit yéménite.
Secteur Al Raboah
YÉMEN
Province de Najram
Mer Rouge
Véhicules blindés légers équipés de tourelles-canons produites par Cockerill.
Les mêmes, dans une version plus ancienne, que celles sur lesquelles les Saoudiens doivent venir se former en France.
La société, dans le viseur des médias et de la justice, opère un changement d'image.
cmi DEFENCE
Connue jusque-là sous le nom de CMI, elle se nomme désormais John Cockerill.
Une manière, pour cet industriel de l'armement, de se faire oublier…
John Cockerill
… et de pouvoir continuer son business sans être inquiété.
Car en vendant ces armes et cette formation à l'Arabie saoudite, la Belgique, le Canada et la France violent allègrement les traités internationaux.
À commencer par le traité sur le commerce des armes (TCA) des Nations unies, que les trois pays ont pourtant signé et ratifié.
Le commerce des formations liées aux ventes d'armes est reconnu comme une arme, un transfert d'armement.
Or, concernant les formations, c'est l'opacité totale, encore plus que pour les ventes d'armes quantifiables.
Tony FORTIN
Chargé d'études à l'Observatoire des armements.

La Commission interministérielle pour l'étude des exportations des matériels de guerre (CIEEMG) est l'institution qui, après ultime validation du Premier ministre, donne l'autorisation à l'export des matériels de guerre, dont "les matériels de guerre assimilés".
La ministre des Armées, Florence Parly, a elle-même modifié l'arrêté relatif à la liste de ces matériels de guerre assimilés.
Je n'ai pas connaissance du fait que des armes françaises soient utilisées dans ce conflit.
Depuis 2017, les formations entrent dans cette catégorie.
Or, comme pour les ventes d'armes, les décisions relatives aux formations sont classées secret-défense.
L'assistance et la formation ? C'est encore plus difficile à démontrer que les matériels de guerre... Elles passent complètement à travers les mailles des traités internationaux.
LA FRANCE TUE AU YÉMEN
Sébastien NADOT
Député ex-LREM, engagé dans la lutte contre le commerce des armes.
Quand on vend un ordinateur, on vend pourtant le manuel et les logiciels qui vont avec. Pour savoir faire fonctionner l'ordinateur, il faut que quelqu'un vous explique comment l'utiliser.
C'est pareil pour les armes.

Pourtant, depuis 2018, la France dispose d'un moyen de contrôle des formations opérationnelles sur son territoire.
Chaque entreprise souhaitant former des militaires étrangers à l'utilisation de matériels de guerre sur son sol doit obtenir une autorisation de fabrication, de commerce et d'intermédiation (AFCI) de la part du ministère des Armées.
Le problème, c'est qu'on ne sait pas comment se déroulent ces formations, en quoi elles consistent réellement, s'il existe un module sur le droit international humanitaire selon les conventions de Genève de 1949…
?
Florence Parly assurait devant les députés en mai 2019 :
Même lorsqu'est accordée une autorisation d'exportation, c'est toujours sous certaines conditions. Nous pouvons ainsi, par exemple, assortir la livraison (de matériels de guerre) d'offres de modules de formation au droit international humanitaire.
Est-ce le cas sur le Campus Cockerill ? Impossible à dire. Le ministère n'a pas répondu à nos questions. Joker. Secret-défense.
À Commercy, on doit former la crème de la crème de l'armée saoudienne : les officiers les plus haut gradés qui formeront ensuite les soldats au maniement de ces armes à Riyad.
Si le pays n'est pas connu pour respecter le droit international, une telle formation n'a pas de sens.

* Communauté de communes de Commercy.

* Groupement d'intérêt public.

Dans la région, on l'assure :
C'est un dossier qui a été traité comme les autres.
Jean-Pierre MASSERET
Ancien président du conseil régional de Lorraine lors du vote de la subvention en 2015, élu régional Grand Est.
Et pourtant...
Le dossier présenté aux élus avait été bien édulcoré.
On parlait d'un centre de formation interne, ouvert à des entreprises locales ou des organismes publics, et des formations pour les clients de Cockerill.
Nulle part il n'était fait mention de Saoudiens.
Jacqueline FONTAINE
Ancienne élue du conseil régional de Lorraine.
On savait qu'un centre de formation pour militaires n'était pas neutre, mais on ne pensait pas alimenter une formation qui allait se retourner contre la démocratie en Arabie saoudite et au Yémen.
Roger TIRLICIEN
Ancien élu du conseil régional de Lorraine.
Et quand on demande si un appel d'offres a eu lieu pour que Cockerill remporte les dix hectares du quartier Oudinot...
C'est une plaisanterie ? Qui aurait répondu pour les récupérer ?
Personne.
Non, il n'y a pas eu de mise en concurrence.
Au contraire, on était contents que quelqu'un veuille bien les récupérer.
Une friche militaire dans une ville de 6 000 habitants, y en a qui les gardent trente ans...
Nous, on a tout de suite reconverti.
D'ailleurs le ministère de la Défense l'a signalé :
"Une reconversion exceptionnelle."
Rien que pour ça, le territoire est largement gagnant.

Ce contrat de développement économique (CDE) dont a bénéficié le site de Commercy était alors sous la responsabilité de Carole Ruhland, employée par la préfecture de la Meuse.
Elle est aujourd'hui directrice générale du Campus Cockerill.
C'est elle qui avait la charge, en tant que cheffe de projet, de piloter, préparer et suivre l'installation des entreprises bénéficiaires du CDE (dont Cockerill) sur le bassin de Commercy.
Ce CDE permettait aussi nombre d'avantages fiscaux pour les entreprises qui souhaitaient s'implanter sur ces anciens sites militaires :
• Totale exonération fiscale pendant trois ans.
• Totale exonération de cotisations sociales pendant trois ans.
• Au terme de ces trois ans, exonération partielle de deux ans, prise en charge par l'État.
• Exonération de cotisation foncière pour cinq ans.
• Exonération de cotisations patronales d'assurances sociales pour trois ans.
• Exonération d'allocations familiales pour trois ans.
• Exonération de taxe foncière pour cinq ans.
Trois fois rien, selon les représentants de l'État et l'ancien ministre :
Je suis persuadé, de mémoire, que les subventions dont on parle sont absolument marginales par rapport au financement du projet Cockerill.
Cockerill demandait lors de la première présentation du dossier une aide de la région de 300 000 euros. Et surprise :
lors du vote en assemblée plénière au conseil régional, on leur offrait royalement 600 000 euros !

Par rapport à leur investissement de 40 millions, ils n'ont pas été beaucoup aidés.
Peut-être que c'était 60 millions...
Le contribuable ? Mais il n'a rien à voir dans tout ça, le contribuable ! C'est une entreprise qui a payé sur ses deniers propres l'installation (à Commercy). À aucun moment le contribuable - commercien d'autant plus - n'a été sollicité.
Franchement 600 000 euros pour 60 millions d'euros d'investissement, c'était vraiment une aide extraordinairement limitée par rapport à l'ampleur du dossier.
La seule préoccupation pour moi, c'était l'emploi et le fait de ne pas laisser tomber Commercy.
600 000 euros pour essayer de redonner un peu d'espoir à la commune après le départ de 1200 personnes, ce n'est pas cher payé.
Non, ce n'est pas cher payé.
Pourtant, dans le même temps, on refusait une subvention de 50 000 euros, ce qui n'est pas énorme, pour une maison de santé pluri-disciplinaire.
Jean-Philippe VAUTRIN
Ancien président de la Codecom, élu commercien.
Jérôme LEFÈVRE
Maire de Commercy.
Jean-Pierre MASSERET
Ancien président du conseil régional de Lorraine, élu régional Grand Est
Jacqueline FONTAINE
Ancienne élue du conseil régional de Lorraine.

L'argument de l'emploi et des retombées économiques est un grand classique pour souligner le nécessaire soutien public au secteur de l'armement.
Sauf qu'à Commercy...
Certes...
... Sur le commerce local, effectivement, dans l'immédiat, il n'y a pas de retombées économiques au sens propre du terme.
Hé Hé...
Et pour cause. Au Campus Cockerill, tout a été pensé pour que les militaires ne sortent pas du centre de formation.
Quant aux 110 emplois promis, seuls 20 auraient été créés avec l'implantation de ce centre de formation.
pôle emploi
C'est qu'à Commercy personne ne sait si les soldats saoudiens sont présents, ni si les formations, qui devaient démarrer en 2017, ont véritablement lieu.
Alors ? Alors ?
Je ne sais pas, je n'y vois rien...
Selon les dernières informations, celles-ci devaient finalement commencer en septembre 2020, pour une durée de dix-huit à vingt-quatre mois.
Ça y est !
Les voilà !
Enfin !
Ohlàlà
Bravo ! Bravo !

Un seul homme a vraiment bénéficié de l'implantation de l'entreprise belge...
Gérard Longuet rejoint le conseil d'administration de Cockerill en avril 2013.
Une façon pour son ami Bernard Serin de le remercier pour le marché remporté ? Une forme de conflit d'intérêts ?
Vous savez, ça peut paraître surprenant, mais il faut accepter l'idée que je suis compétent.
Ce n'est pas moi qui l'ai permise (l'implantation de Cockerill à Commercy, NDLR), c'est l'état-major de l'armée de terre.
Moi, j'ai simplement indiqué à l'armée de terre qu'il fallait sauver Commercy et j'ai indiqué à Cockerill que la seule autorité qui pouvait régler leur problème de contrat, c'était l'état-major de l'armée de terre.
Une information qui lui permet de toucher, selon ses dires, 7 500 euros chaque année. Sauf que dans sa déclaration sur le site de la Haute Autorité pour la transparence de la vie publique, Gérard Longuet stipule avoir perçu 25 000 euros par an depuis 2013 pour son mandat d'administrateur chez Cockerill. Soit un total de 200 000 euros.

L'actuel gouvernement semble ne rien trouver à redire à la situation. En avril 2019, Geneviève Darrieussecq, la ministre déléguée auprès de la ministre des Armées, vient en personne à Commercy inaugurer le Campus.
Je ne peux que m'extasier devant une telle rapidité de reconversion du site...
Gérard Longuet a été très efficace !
Pendant ce temps-là, au Yémen.
Les tourelles-canons de Cockerill restent déployées le long de la frontière sans que l'on puisse s'assurer qu'elles épargnent les civils. La société d'armement a refusé de répondre à nos questions.
Durant l'année 2019, la société Cockerill a réalisé un chiffre d'affaires de 1,26 milliard d'euros.
Le 1er janvier 2020, Édouard Philippe, alors Premier ministre nommait Bernard Serin, le PDG de Cockerill, chevalier de la Légion d'honneur.
Et la France est, à ce jour, toujours complice de crimes de guerre...

un lucratif service après-vente

Le Campus de Commercy n'est que l'une des facettes des relations commerciales en matière d'armement qui lient la France et l'Arabie saoudite. Dispenser des formations, assurer la maintenance des équipements, rapporte aux industriels parfois autant que les ventes elles-mêmes.

FORMATION, MAINTENANCE… UN SAV À LA FRANÇAISE

Après les premières révélations de Disclose en 2019, d'autres suivront. Ainsi, à l'automne 2020, Arte et Mediapart publient l'enquête #UEArms initiée par le média néerlandais Lighthouse Reports. Cette fois, les journalistes dévoilent les activités de maintenance et de formations qui accompagnent les ventes d'armes. Selon les études citées, dans le domaine de l'armement, *« le marché de l'après-vente représenterait désormais plus de 50 % de chaque grosse commande, dépassant ainsi les revenus de la vente et de l'exportation ».*

CHARS LECLERC, CANONS CAESAR… LES ARMES FRANÇAISES AU YÉMEN

Jusqu'au début de l'année 2019, le gouvernement français niait avoir connaissance de l'utilisation d'armes françaises au Yémen. En avril de la même année, une enquête publiée sur le site Disclose, basée sur une fuite de documents classés « confidentiel défense », met à mal cette version officielle. Selon un rapport émanant de la Direction du renseignement militaire, 48 canons Caesar, fabriqués par le français Nexter, étaient alors placés par l'Arabie saoudite sur sa frontière avec le Yémen. Certains à portée de tir de territoires habités. Outre les canons, Disclose note également la présence de chars Leclerc.

DES ENTRAÎNEMENTS SUR CANONS CAESAR DANS LE VAR

Parmi les bénéficiaires de ce service après-vente, l'armée saoudienne est en bonne position. Dans un centre international situé à Draguignan, la société Défense conseil international (DCI) – dont l'État français est actionnaire à 50 % – dispense des formations à des officiers saoudiens pour l'utilisation des canons Caesar.

DESSIN : VIRGILE RAFFELLI

DES FORMATEURS FRANÇAIS SUR LE SOL SAOUDIEN

Des témoignages recueillis par Lighthouse Reports font également état de formations dispensées sur place, en Arabie saoudite, par des officiers français à des membres des forces spéciales saoudiennes. Selon Mediapart, *« plusieurs formations se sont arrêtées en 2018, mais la société DCI est tout de même restée présente en Arabie saoudite pour honorer certains contrats ».*

L'AUTOMATISATION EN LIGNE DE MIRE

À Draguignan, les soldats saoudiens sont *« formés, entre autres, au système informatisé de commandement et de tir ATLAS, qui joue un rôle essentiel dans l'automatisation de la guerre d'artillerie »*, selon Lighthouse Reports qui précise : *« L'entreprise française Thales et le fabricant suisse RUAG mettent leurs équipements de simulation à disposition. »* Déjà, en octobre et novembre 2018, des officiers de la Royal Saudi Air Force (RSAF) avaient suivi une formation poussée d'analystes-images, selon les informations de Mediapart.

POUR LE GOUVERNEMENT, TOUT EST SOUS CONTRÔLE

« Concernant les formations opérationnelles, l'État exerce son contrôle à un double niveau », répond le gouvernement lorsqu'il est interrogé au sujet des formations. Il mentionne, d'une part, l'existence *« d'une autorisation de fabrication, de commerce et d'intermédiation (AFCI) délivrée par le ministère des Armées dans le cas de formations portant sur des matériels de guerre »* et d'autre part le fait que *« les formations classées dans la catégorie* "autres matériels assimilés" *doivent faire l'objet d'une demande d'autorisation d'exportation de la part du prestataire ».*

YOAN VALAT / POOL - AFP

Le prince héritier d'Arabie saoudite, Mohammed Ben Salmane était reçu à Paris en avril 2018.

MAKING-OF

« "Pourquoi vous ne faites pas appel à des vrais journalistes d'investigation ? Vous savez, ceux d'Élise Lucet ou les mecs de Mediapart." *C'est ce que je me suis entendu répondre de la part d'un élu alors que je l'interrogeais pour cette enquête. Pour bon nombre de mes interlocuteurs, une femme qui s'intéresse aux questions de défense et de ventes d'armes, milieux encore très largement masculins, ne peut pas être aussi experte et sérieuse qu'un homme. J'ai dû redoubler d'efforts pour prouver que j'étais légitime à enquêter sur ce sujet.* » Audrey Lebel

À LIRE

Mon pays vend des armes, d'Anne Poiret. En 2017, la France est le troisième pays exportateur d'armes. Mais à qui et à quoi servent-elles ? Éd. Les Arènes (2019).

À VOIR

Crimes de guerre au Yémen, les complicités européennes, d'Alexandra Jousset et Matthieu Besnard. Enquête sur les fabricants d'armes. Arte, Capa Presse, 54 mn (2019).

Face B

Ennio Morricone. Le trille répétitif du film *Le Bon, la Brute et le Truand* en 1966, c'était lui. Le hautbois entêtant de *Mission* en 1986, encore lui. Le basson sinistre des *Huit Salopards* en 2015, toujours lui. L'artiste ne se serait donc consacré qu'à la composition de musiques de films devenus iconiques ? Pas si vite…

ARNAUD LE GOUËFFLEC NICOLAS MOOG

IL TRAVAILLE ÉGALEMENT POUR LA RAI, L'AUDIOVISUEL PUBLIC ITALIEN, POUR LAQUELLE IL SIGNE DES ARRANGEMENTS D'ORCHESTRE.

LA RAI LUI SERT DE TREMPLIN : BRUITEUR, AMBIANCEUR, MAÎTRISANT L'ORCHESTRATION DES CORDES, IL SE FAIT VITE REPÉRER PAR LE MONDE DU CINÉMA ET SIGNE SA PREMIÈRE MUSIQUE DE FILM.

FILM DE LUCIANO SALCE, 1961

EN PARALLÈLE, POUR LE LABEL RCA*, IL COMPOSE OU ARRANGE DES MUSIQUES POUR LES STARS DE LA CHANSON ITALIENNE DE L'ÉPOQUE.

*RCA ITALIANA, FILIALE DE RCA RECORDS, MAISON DE DISQUES AMÉRICAINE.

DES CHANSONS, IL EN ARRANGERA ET EN ÉCRIRA DE NOMBREUSES, COLLABORANT AVEC CHET BAKER... OU MIREILLE MATHIEU.
" HERE'S TO YOU " CHANTÉ PAR JOAN BAEZ POUR LE FILM " SACCO ET VANZETTI " DEVIENDRA UN HYMNE DU MOUVEMENT POUR LES DROITS CIVILS AUX ÉTATS-UNIS.

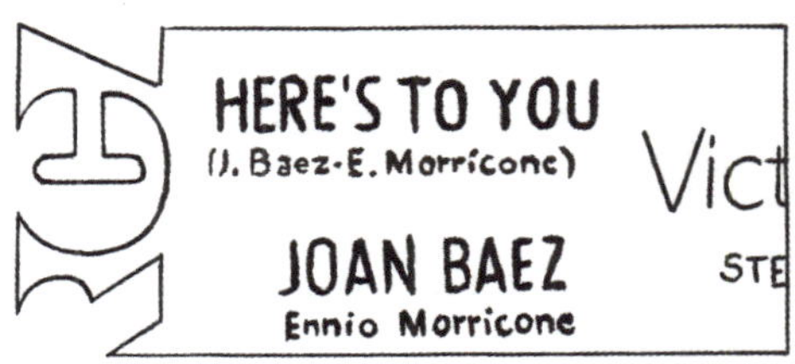

GRUPPO DI IMPROVVISAZIONE
NUOVA CONSONANZA
MUSICA SU SCHEMI
EN 1965, IL INTÈGRE LE GROUPE D'IMPROVISATION ET DE COMPOSITION AVANT-GARDISTE GRUPPO DI IMPROVVISAZIONE NUOVA CONSONANZA.
FORMATION À GÉOMÉTRIE VARIABLE RÉUNIE AUTOUR DES COMPOSITEURS FRANCO EVANGELISTI ET EGISTO MACCHI...
... DONT LES DISQUES DÉFIENT LES CATÉGORIES MUSICALES. ILS CROISENT TECHNIQUES MODERNES D'ENREGISTREMENT, PRATIQUE DE L'IMPROVISATION, ÉNERGIE DU ROCK ET AUDACE DE L'AVANT-GARDE.
"THE FEED-BACK", NOTAMMENT, PARU EN 1970, EST UN CHEF-D'OEUVRE PSYCHÉDÉLIQUE ENTRE FREE JAZZ, AVANT-GARDE, FUNK ET ROCK, QUI RAPPELLE LES AUDACES DU KRAUTROCK*.
AVEC CONSTANCE, LE MAESTRO POURSUIT SON ŒUVRE DE COMPOSITION, TOUT EN S'ADONNANT À SON AUTRE PASSION.
LE JEU D'ÉCHECS EST BIEN PLUS QU'UN SIMPLE PASSE-TEMPS.
* ROCK ALLEMAND AVANT-GARDISTE DE L'ÉPOQUE

SORTI EN 1964, " POUR UNE POIGNÉE DE DOLLARS", WESTERN PICARESQUE, MET LA MUSIQUE AU COEUR DE LA NARRATION ET PRÉFIGURE UNE LONGUE COLLABORATION ENTRE LES DEUX HOMMES.

DANS SA MUSIQUE APPLIQUÉE, LES AUDACES EXPÉRIMENTALES DÉVELOPPÉES AU SEIN DU GRUPPO VONT TROUVER UN NOUVEL ÉCHO.
POUR FABRIQUER LE CRI DU COYOTE, ON VA MÉLANGER DEUX VOIX MASCULINES ET LES TREMPER DANS L'ÉCHO.
SA MARQUE DE FABRIQUE : DES MÉLODIES ENTÊTANTES ET DES ARRANGEMENTS SINGULIERS, ENTRE BRUITAGES ET INSTRUMENTS INSOLITES... SOUDAIN, LA MUSIQUE DE FILM S'ENTEND... ET CRÈVE L'ÉCRAN.
MORRICONE EST L'HOMME QUI A FAIT DÉCOUVRIR LA MUSIQUE DE FILMS AUX CINÉPHILES DE MA GÉNÉRATION.
NICOLAS BOUKHRIEF, RÉALISATEUR
LA MUSIQUE NE PEUT BIEN S'ACCORDER À L'OEUVRE CINÉMATOGRAPHIQUE QUE DANS LA MESURE OÙ ELLE A UNE EXISTENCE PROPRE ET INDÉPENDANTE D'ELLE. MA MUSIQUE EST SOUVENT MEILLEURE QUAND JE NE VOIS PAS LES IMAGES.

CAR MORRICONE FAIT OEUVRE DE TOUT ET S'ADAPTE À TOUS LES GENRES.

HENRI VERNEUIL, BERNARDO BERTOLUCCI, BRIAN DE PALMA, PEDRO ALMODÓVAR, OLIVER STONE, TERRENCE MALICK : LA LISTE DES RÉALISATEURS EST PLÉTHORIQUE ET PRESTIGIEUSE.

DE L'ÉCLAT D'HARMONICA D'"IL ÉTAIT UNE FOIS DANS L'OUEST" AU TIMBRE DU HAUTBOIS DANS "MISSION", MORRICONE TOUCHE AU COEUR DU FILM ET DES PERSONNAGES, ET DEVIENT MONDIALEMENT CÉLÈBRE.

Mais Morricone travaille aussi en abondance pour un genre spécifiquement italien : le giallo, entre policier, érotisme et épouvante.
Le compositeur, qui ne fait aucune hiérarchie entre les films, y laisse libre cours à son goût de l'expérimentation et de la dissonance, la musique survivant parfois au film lui-même.

L'OEUVRE QUE LAISSE ENNIO MORRICONE SEMBLE INCALCULABLE ET PREND LA FORME D'UN MONDE À PART : PRÈS DE 500 BANDES ORIGINALES, PLUS DE 100 PIÈCES DE MUSIQUE ABSOLUE, LE RESTE ALLANT DE L'EXPÉRIMENTAL À LA CHANSON...

FUNAMBULE ENTRE MUSIQUE POPULAIRE ET SAVANTE, POP, ROCK, IMPROVISATION ET ORCHESTRE SYMPHONIQUE, IL A SU PUISER DANS TOUS LES STYLES AVEC CURIOSITÉ ET EN SE RENOUVELANT SANS CESSE,

MODIFIANT POUR TOUJOURS LE RAPPORT ENTRE L'IMAGE ET LE SON.

IL EST ENTRÉ DANS LE CLUB ULTRA FERMÉ DE CEUX QUI ONT COMPOSÉ DES THÈMES INTEMPORELS, SIFFLÉS DE LÈVRES EN LÈVRES SANS QU'ON Y PENSE, MAIS QUI RÉSUMENT NOTRE CONDITION...

... AUSSI LÉGÈRE ET DRAMATIQUE QU'UN AIR D'HARMONICA.

PARTOUT,

VIDÉOSURVEILLANCE

TOUT LE TEMPS

CLÉMENT LE FOLL ET CLÉMENT POURÉ
JEAN-CHRISTOPHE MAZURIE

Sur la promenade des Anglais, des haut-parleurs réglés sur 100 décibels crachent, en boucle, leurs messages : *« Tous les déplacements hors du domicile sont interdits, sauf dérogation. » « Veuillez respecter une distance de sécurité d'au moins un mètre entre chaque personne. »* La voix vient du ciel. Ou plutôt, du drone volant dans le ciel. Nous sommes en mars 2020, à Nice, et ces étranges volatiles rappellent aux badauds que l'époque est à la pandémie et que l'heure est au confinement.

Ô drone, suspends ton vol

Traditionnellement aux avant-postes des technologies de sécurité, la ville de Nice est, en ce printemps 2020, allègrement imitée. À l'échelle du pays, entre fin mars et fin avril, la police nationale a eu recours *« à des drones dans le cadre de 535 missions dont 251 de surveillance et 284 d'information de la population »*, selon un rapport du Sénat. Dénonçant les menaces que ces engins font planer sur les libertés, deux associations, la Ligue des droits de l'homme et la Quadrature du Net, ont déposé un recours auprès du Conseil d'État. Ô drone, suspends ton vol, décida la haute juridiction. Pandémie ou non, le ciel devait rester dégagé jusqu'à ce que l'usage de ces appareils soit encadré par la loi.

Mais les drones sont loin d'être les seuls à couver du regard nos moindres déplacements. Ainsi, au cours du premier confinement, *« en complément* [des drones], *les équipes de contrôle se seraient également appuyées,* toujours selon le rapport du Sénat*, sur les dispositifs de vidéoprotection des collectivités territoriales »*. Par vidéoprotection entendez vidéosurveillance. Car, qu'elles volent ou non, les caméras chargées de contrôler la population ont de longue date conquis le cœur des villes et celui des élus.

Elles sont fixes, pivotantes ou multi-objectifs, capables de filmer en permanence ou à 360°, et se sont propagées dans de nombreuses communes françaises. Les derniers chiffres en date, ceux de 2012, font état de plus de 70 000 caméras sur la voie publique. À elle seule, la ville de Nice en accueille 3 800. Mais l'appétit de son maire, Christian Estrosi, pour le contrôle et la technologie, va bien au-delà des caméras. En 2018, la cinquième ville de France a signé un partenariat avec un consortium, mené par l'industriel Thales, contre la promesse d'une « safe city », une ville sûre. Boutons d'alerte pour contacter les policiers municipaux, analyse des réseaux sociaux, logiciels optimisant l'utilisation des caméras, algorithme anticipant les crimes et délits… Le géant de la défense a mis au point un arsenal d'outils numériques censés se compléter pour mieux aiguiller les forces de police. Traumatisée par les attentats qui l'ont frappée, la ville est devenue un terrain d'expérimentation pour les industriels.

Qui filme qui ? Qui surveille qui ?

À l'échelle nationale aussi, la sécurité se veut globale. C'est ce dont témoigne le vote de 388 députés le 24 novembre 2020 en faveur de la proposition de loi Sécurité globale. Très controversé, entre autres du fait de son article 24 interdisant la diffusion de vidéos de policiers – article suspendu depuis –, ce texte vise à déployer les capacités de surveillance de la population. Outre le fameux « cadre légal » nécessaire au retour des drones, il prévoit la généralisation des caméras-piétons pour les policiers et l'extension de l'accès aux images de vidéosurveillance aux agents municipaux. Pourquoi un tel engouement pour ces dispositifs dont l'efficacité reste souvent à démontrer ? Aux intérêts électoraux se mêlent ceux des industriels. Selon le Comité de la filière industrielle de sécurité (Cofis), le marché de la sécurité représente 30 milliards d'euros de chiffre d'affaires annuel et 300 000 emplois en France. Déjà, les géants du secteur rêvent d'un nouveau « cadre légal », cette fois pour la reconnaissance faciale.

Qui est autorisé à filmer qui ? Qui surveille qui ? Telle est la question que soulève le texte de loi porté par le député Jean-Michel Fauvergue, un ancien patron du Raid. Ses défenseurs rappellent la menace terroriste. Ses opposants regardent d'un mauvais œil celui qui scrute, depuis près de trente ans, l'espace public.

Saint-Marc-Jaumegarde (Bouches-du-Rhône) est un patelin tranquille. Un village tout en long construit autour de la départementale 10, à l'est d'Aix-en-Provence et au pied de la montagne Sainte-Victoire.

Dans cette commune de 1 250 habitants, ni bars ni cafés, mais un record bien particulier :

Le plus haut revenu moyen par habitant du département : 35 460 euros annuel en 2017. Un repaire de cadres supérieurs et de maisons cossues.

La même année, celui de Marseille est de 18 550 euros.

INSEE, 2017.

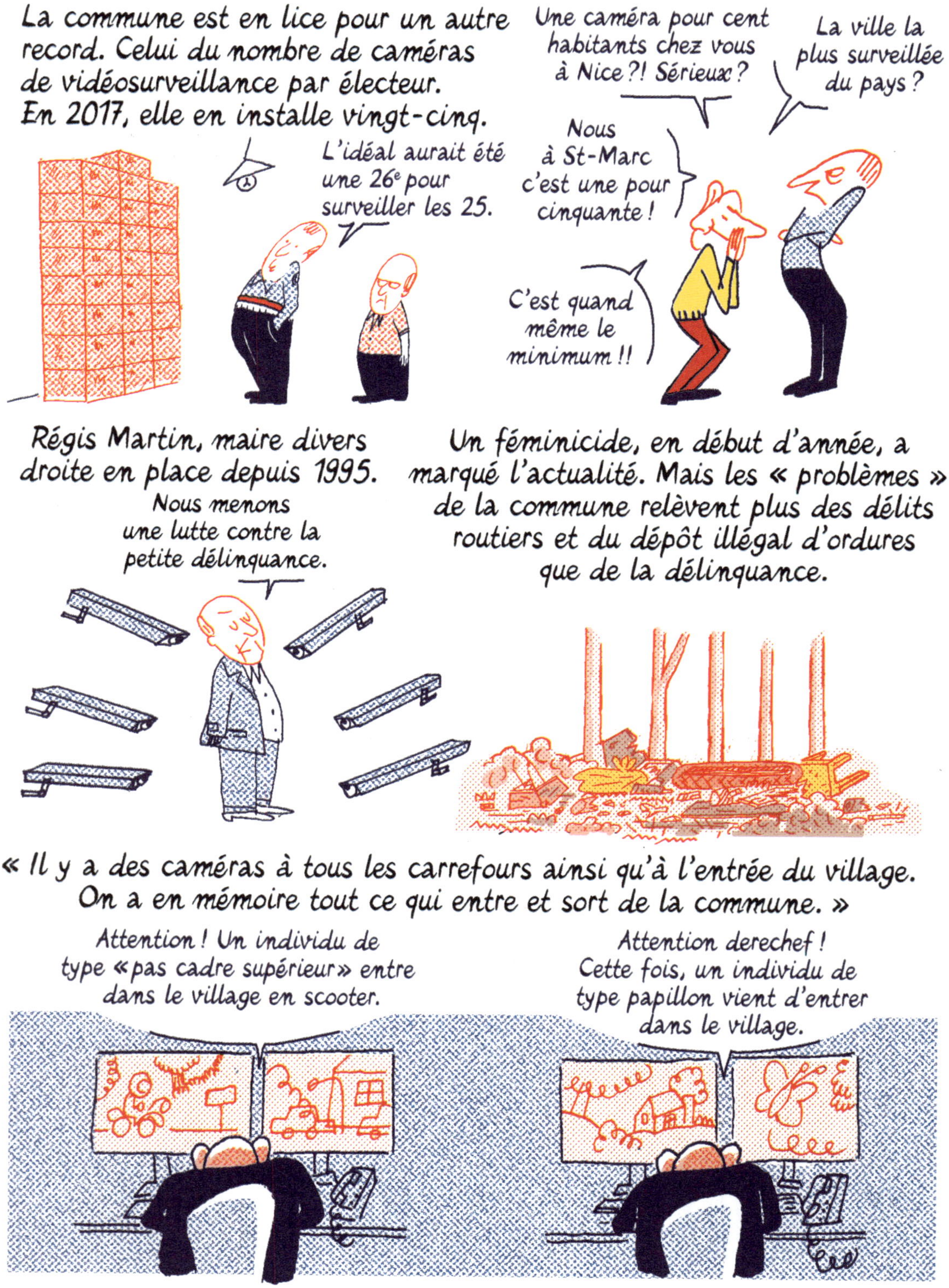
La commune est en lice pour un autre record. Celui du nombre de caméras de vidéosurveillance par électeur. En 2017, elle en installe vingt-cinq.
L'idéal aurait été une 26e pour surveiller les 25.
Une caméra pour cent habitants chez vous à Nice ?! Sérieux ?
La ville la plus surveillée du pays ?
Nous à St-Marc c'est une pour cinquante !
C'est quand même le minimum !!
Régis Martin, maire divers droite en place depuis 1995.
Nous menons une lutte contre la petite délinquance.
Un féminicide, en début d'année, a marqué l'actualité. Mais les « problèmes » de la commune relèvent plus des délits routiers et du dépôt illégal d'ordures que de la délinquance.
« Il y a des caméras à tous les carrefours ainsi qu'à l'entrée du village. On a en mémoire tout ce qui entre et sort de la commune. »
Attention ! Un individu de type « pas cadre supérieur » entre dans le village en scooter.
Attention derechef ! Cette fois, un individu de type papillon vient d'entrer dans le village.

Les images partent directement au centre de sécurité urbaine (CSU). Situé au sous-sol de la mairie, on y accède après avoir saisi un digicode. Deux écrans et un serveur dans un placard à balais.

Hervé Leriche, policier municipal de la commune :
« Sur les vingt-cinq caméras, deux sont équipées de capteurs sonores. Elles s'orientent automatiquement quand elles captent un bruit. »

Coût de l'opération, d'après le maire : 300 000 euros, dont 80 % assumés par l'État.

Réélu en 2020 au premier tour avec 65 % des voix, Régis Martin a promis de nouvelles installations.

À l'image de Saint-Marc-Jaumegarde, les communes sont de plus en plus nombreuses à opter pour la vidéosurveillance, sous l'impulsion de maires convaincus de l'utilité de cet outil.

Parmi les cinquante plus grandes villes françaises, seules trois n'ont pas cédé aux sirènes de la vidéosurveillance : Vitry-sur-Seine, Saint-Paul à La Réunion et Brest.

La cité finistérienne n'est pourtant pas totalement dépourvue de caméras puisque douze ont été récemment installées sur des bâtiments publics, dont l'hôtel de ville.

SOURCE MÉDIACITÉS

Le nombre de communes à opter pour la télésurveillance, en perpétuelle augmentation, résulte d'une politique initiée il y a vingt-cinq ans.

Le premier système de vidéo-surveillance est installé dans l'espace public en 1993 à Levallois-Perret (92).

Une première contestée. La CNIL, le gendarme français du numérique, craint des « atteintes à la vie privée ».

Et la presse évoque un « vieux fantasme de science-fiction ».

Deux ans plus tard, son successeur, Olivier de Chazeaux, demande un rapport sur le système. Résultat ?

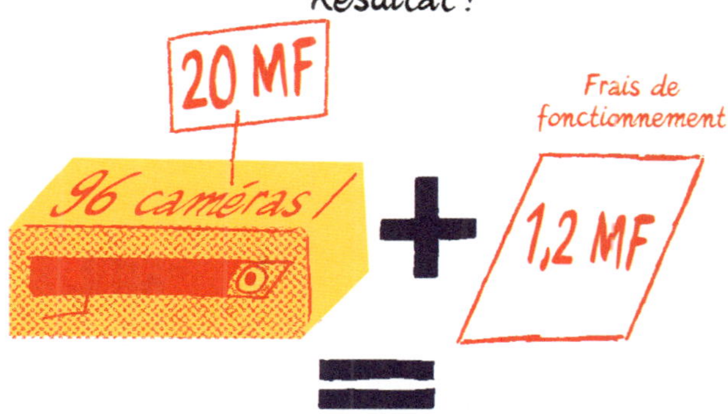

Un système « difficilement exploitable ».

Malgré ces critiques, la vidéosurveillance se répand.

Les élections municipales de 2001 ont joué un rôle majeur. L'argument sécuritaire a été pour la première fois un thème récurrent de campagne.

Laurent Mucchielli, sociologue spécialiste du sujet.

Un sondage effectué à Nantes en juin 2000 par Ipsos pour « Libération » affiche la sécurité comme la priorité de ce rendez-vous électoral.

Si le nombre de villes à s'équiper augmente, un homme va insuffler le boom de la vidéosurveillance : Nicolas Sarkozy.

Proche de Patrick Balkany, il est impressionné par le système mis en place au Royaume-Uni, qui aurait joué un rôle clé dans l'arrestation des suspects après les attentats de Londres en 2005.

En 2005, Nicolas Sarkozy remet un rapport à Philippe Melchior, alors inspecteur général de l'administration.

Nicolas Sarkozy fait voter la loi du 23 janvier 2006 relative à la lutte contre le terrorisme, qui assouplit les conditions d'utilisation de la vidéosurveillance dans l'espace public.

Ce penchant s'accentue lors de son arrivée à la présidence de la République en 2007.

Début mai est créée une commission nationale de la vidéosurveillance.

Quelques semaines plus tard, Nicolas Sarkozy demande à la ministre de l'Intérieur Michèle Alliot-Marie de développer le réseau de vidéosurveillance français.

En 2009, Brice Hortefeux, succède à Michèle Alliot-Marie à l'Intérieur.

Une phrase contestée par les chercheurs ayant travaillé sur le sujet. Entre 2012 et 2016, Laurent Mucchielli a pratiqué des diagnostics locaux.

Tanguy Le Goff, sociologue, dans « Le faux et coûteux miracle de la vidéosurveillance »* :

... que les caméras effectuent des « parcours » prédéfinis laissant sans surveillance durant plusieurs minutes les zones équipées,

qu'elles sont constamment en panne,

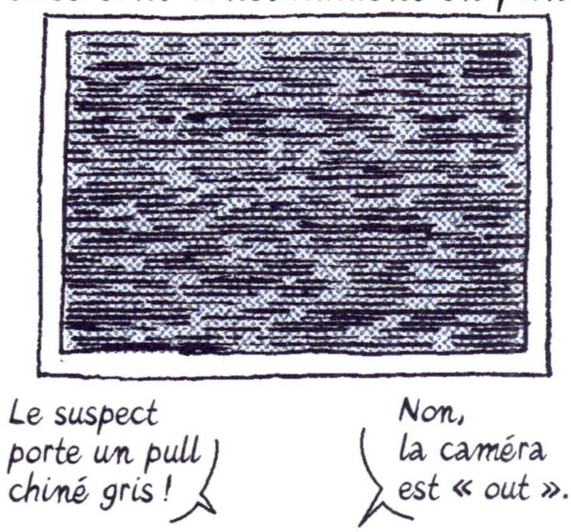

ou ont un champ de vision masqué par les arbres.

Sans compter que les opérateurs « officiant » derrière les écrans ont généralement plusieurs dizaines de caméras à surveiller en permanence.

Et qu'ils sont souvent en charge d'autres missions.

* Article scientifique publié en 2010.

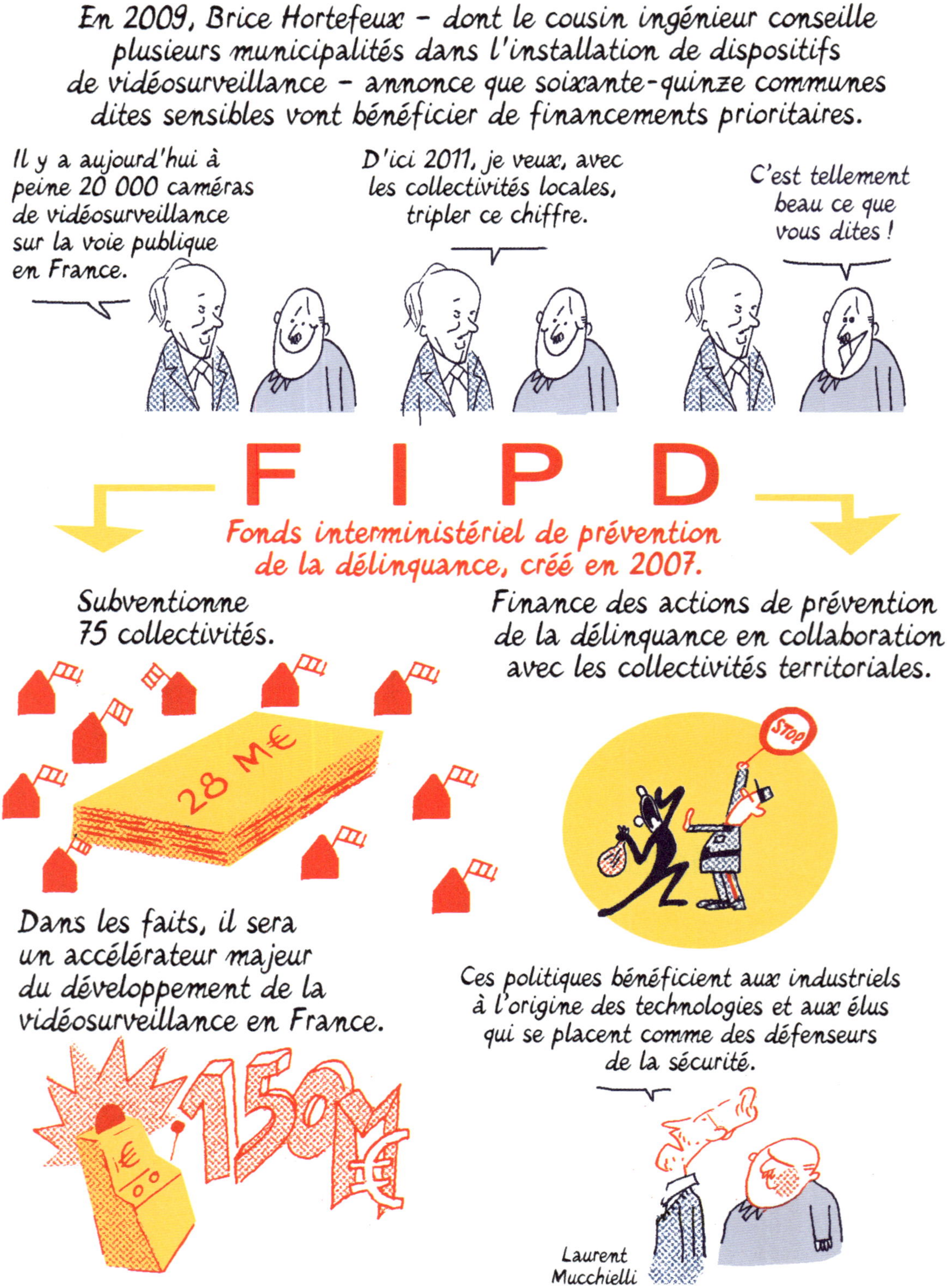
En 2009, Brice Hortefeux - dont le cousin ingénieur conseille plusieurs municipalités dans l'installation de dispositifs de vidéosurveillance - annonce que soixante-quinze communes dites sensibles vont bénéficier de financements prioritaires.
Il y a aujourd'hui à peine 20 000 caméras de vidéosurveillance sur la voie publique en France.
D'ici 2011, je veux, avec les collectivités locales, tripler ce chiffre.
C'est tellement beau ce que vous dites !
FIPD
Fonds interministériel de prévention de la délinquance, créé en 2007.
Subventionne 75 collectivités.
28 M€
Finance des actions de prévention de la délinquance en collaboration avec les collectivités territoriales.
STOP
Dans les faits, il sera un accélérateur majeur du développement de la vidéosurveillance en France.
150 M€
Ces politiques bénéficient aux industriels à l'origine des technologies et aux élus qui se placent comme des défenseurs de la sécurité.
Laurent Mucchielli

1 : « LE MONDE », 2009.

On aurait pu le déployer sans cette aide, mais quand vous êtes un maire d'une ville modeste, vous prenez la moindre subvention.
Est-ce efficace ?
Mitigé.
La délinquance n'a pas disparu autour de la gare. Les personnes ont vite repéré que la zone était couverte et se sont déplacées de 200 mètres.
En revanche, la vidéosurveillance a permis de résoudre des affaires d'agression de femmes ou de vol avec violence.
Ne les dérangeons pas. Allons régler nos petites affaires plus loin.
Au moins, on ne vous nourrit pas pour rien.
Ce financement massif affirme l'essor de la vidéosurveillance dans les grandes villes comme les petits villages. Et il resserre l'étau autour des communes non équipées.

Qui y perd ? Le contribuable, car les budgets publics sont sacrifiés pour financer la vidéosurveillance, poursuit Laurent Mucchielli.

Parmi les villes bénéficiant de cette somme, Bondy (93).

Une dizaine de caméras sont alors implantées autour du quartier de la gare RER en 2008.

L'ancien maire Gilbert Roger :

Le conseil municipal rend un avis favorable à la demande d'installation, malgré les réserves des élus écologistes.

le FIPD finance environ 60 % des 100 000 euros de coût[1].

1 : « LE MONDE », 2009.

Est-ce efficace ?

La délinquance n'a pas disparu autour de la gare. Les personnes ont vite repéré que la zone était couverte et se sont déplacées de 200 mètres.

En revanche, la vidéosurveillance a permis de résoudre des affaires d'agression de femmes ou de vol avec violence.

Ce financement massif affirme l'essor de la vidéosurveillance dans les grandes villes comme les petits villages. Et il resserre l'étau autour des communes non équipées.

Longtemps, Villeurbanne (69) a résisté.

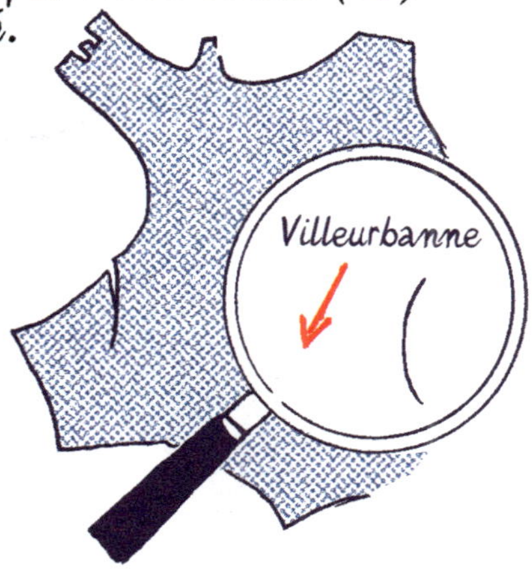

Maire socialiste de 2001 à 2020, Jean-Paul Bret s'est documenté sur le sujet, optant pour la police de proximité plutôt que la vidéosurveillance.

« Après l'élection de Nicolas Sarkozy, il a commencé à y avoir des pressions du préfet de l'époque. Il parlait de Villeurbanne comme d'une "zone blanche". »

Face à ces remarques, la municipalité confie en 2010 une étude à un cabinet pour identifier d'éventuels « hotspots », zones de la ville où la vidéosurveillance serait utile.

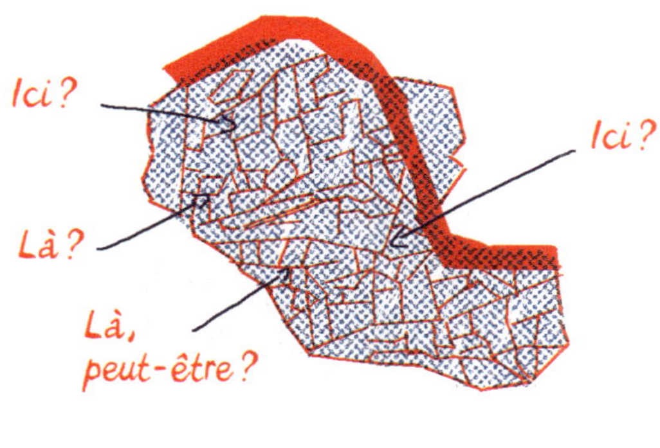

L'étude n'en identifie aucun.

« Mais au fil des ans, avec le FIPD, de nombreuses communes se sont équipées, comme Lyon ou Vaulx-en-Velin.

Nous nous sommes retrouvés encerclés. »

Aux demandes des représentants de l'État se couplent celles des gendarmes, commerçants et citoyens.

Villeurbanne cède aux sirènes de la vidéosurveillance en 2018.

La ville compte aujourd'hui 105 caméras. Une installation à 400 000 euros, financée à moitié par le FIPD[1].

Malgré tout, Jean-Paul Bret reste sceptique.

1 : SOURCE MÉDIACITÉS, 2020.

Un avis que ne partageait pas le gouvernement sous Sarkozy.

La loi Loppsi 2* de 2011 offre une leçon de novlangue.

Désormais, elle ne surveille plus l'espace public, elle le protège.

Quelques mois plus tard, en juillet 2011, un rapport de la Cour des comptes se penche sur la vidéosurveillance.

Il met en exergue le rôle des préfets, juges et parties :

« [Ils] accordent des autorisations d'installation de caméras de surveillance de la voie publique dans des quartiers où la délinquance baisse ou dans des communes où son niveau est faible. »

* Loi d'orientation et de programmation pour la performance de la sécurité intérieure.

La Cour revient également sur l'objectif de l'État de passer de 20 000 à 60 000 le nombre de caméras entre 2010 et 2012.

Coût estimé : 300 millions d'euros.

En 2012, alors que le mandat de Nicolas Sarkozy s'achève, la CNIL s'inquiète : 935 000 caméras de surveillance sont en place en France dont 827 749 dans des lieux ouverts au public, comme les commerces et 70 003 dans l'espace public comme les routes, places et ruelles…

L'élection de François Hollande n'inverse pas la tendance.

Juste avant son élection François Hollande déclare :

Le président socialiste crée le Conseil des industries de la confiance et de la sécurité (CICS). Cet interlocuteur de l'État regroupe les plus gros acteurs du secteur.

Il est aujourd'hui présidé par Marc Darmon, directeur général adjoint du groupe d'armement Thales*.

Parmi les axes de travaux du CICS à l'horizon 2022, on trouve les « territoires de confiance », décrits sur le site de l'organisation comme :

Un nouvel eldorado pour ces géants de la sécurité qui ont, à partir de 2015, surfé sur la menace terroriste pour vendre leurs technologies.

* En charge des activités systèmes d'information et de communication sécurisés.

Les attentats de « Charlie Hebdo » et les attaques du 13 novembre 2015 marquent un tournant dans la politique sécuritaire française.

Bastien Le Querrec, la Quadrature du Net.

Après les attentats de « Charlie Hebdo », Christian Estrosi, s'empresse de déclarer :

Le 14 juillet 2016 à Nice, une attaque terroriste au camion-bélier tue quatre vingt-six personnes sur la promenade des Anglais.

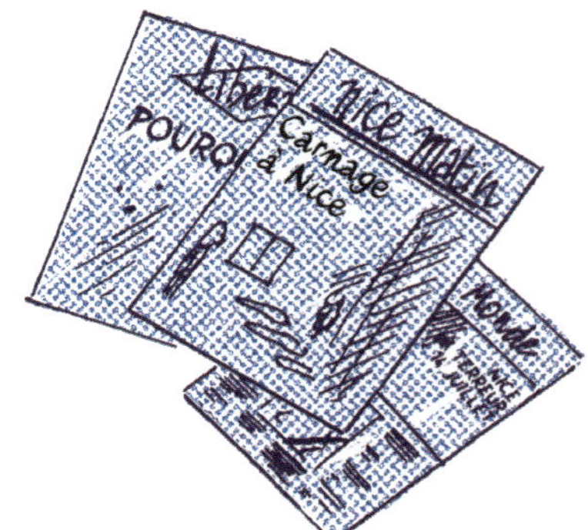

Avec 1 256 caméras, la ville est alors la mieux équipée de France en vidéosurveillance.

Une quinzaine d'agents scrutent les images en permanence.

Les jours précédant l'attentat, l'auteur de l'attaque a commis, à bord de son camion, plusieurs infractions sur la promenade des Anglais...

... Sans jamais être repéré.

Après les attentats, Christian Estrosi évoque « sa ville martyre ».

Henri Busquet, président de la section niçoise de la Ligue des droits de l'homme (LDH).

Emmanuel Aguera, membre de la LDH Nice.

Les effectifs du CSU de Nice montent à une centaine de fonctionnaires.

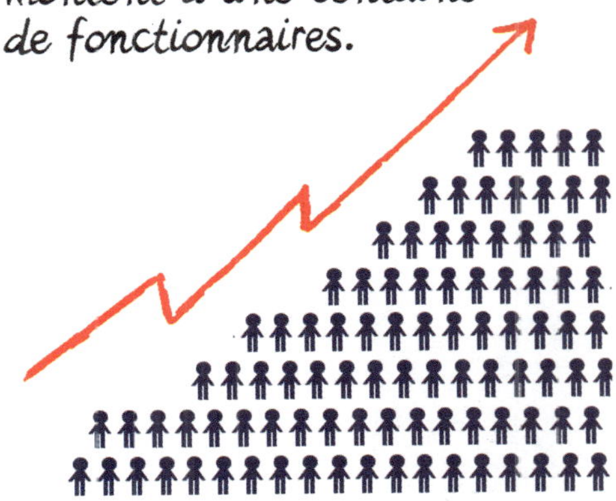

Le nombre de caméras passe de 1 300 à 3 300 entre 2016 et 2020. +150 %.

En coulisses, l'équipe municipale déploie un autre projet :

Une ville connectée où caméras intelligentes, capteurs et Big Data servent la sécurité.
Deux secondes ! On finit et on retourne bosser.
Une ville où aucune incivilité n'échappe aux yeux numériques qui la quadrillent.
Bonjour, « monsieur » !
En 2018, la commune noue un partenariat avec l'entreprise
THALES
Ah ! On va parler philo et maths !
Pas vraiment.
Géant de la défense, ce fleuron français est la propriété de l'État et de Dassault.
Notre slogan : « Together, safer everywhere » !
C'est du grec ?
Il a progressivement basculé vers le secteur de la sécurité.
Et vous avez envisagé de vous doter d'un véhicule de sécurité ?
Comme une Estrosimobile ?
Désormais, sache que l'implacable force de frappe de l'État te tient à l'œil.

Safe City est son projet phare en matière de surveillance de l'espace public.

L'entreprise l'a déployé dès 2009 à Mexico, se vantant d'avoir fait baisser la criminalité de 56 %.

Un bilan critiqué par la presse mexicaine.

... Et sa réussite tient surtout à l'augmentation du nombre de policiers.

À Nice, l'expérimentation Safe City s'appuie sur l'utilisation des caméras de vidéosurveillance,

sur des outils d'analyse comme la détection de maraudage, de regroupement de foule, de colis suspect...

… et sur des algorithmes d'analyse d'objets comme la reconnaissance automatique de forme de véhicule ou d'humain.
Et c'est efficace ?
Pour les carrés et les triangles, c'est du 100 % !
Et pour les piétons triangulaires et les voitures carrées, les résultats sont prometteurs.
La mairie utilise aussi l'analyse en temps réel de textes publiés sur les réseaux sociaux pour surveiller en direct son territoire.
« Ptdr, lol, kikoo, kiss asap ! »
Question :
Est-ce qu'on doit considérer la syntaxe martyrisée comme une agression ?
On l'a suivi sur Facebook puis sur Twitter. Il a ensuite bifurqué sur Instagram avant de se précipiter dans Snapchat.
Et là, on l'a perdu.
On pense qu'il se serait réfugié dans TikTok.
Ce projet s'inscrit dans la continuité d'expérimentations menées par la ville, au succès contrasté.

Martin Drago, la Quadrature du Net.

En 2019, Nice participe à deux expérimentations autour de la reconnaissance faciale. En février, des personnes volontaires sont scannées par un dispositif placé à l'entrée du carnaval de la ville.

Christian Estrosi annonce un franc succès.

La CNIL dénonce un rapport d'expérimentation imprécis rendant impossible un avis sur l'efficacité de l'expérience.

La même année, la ville s'associe à l'entreprise messine Two-I pour une expérimentation dans le tramway basée sur la reconnaissance d'émotions.

Via les caméras, l'entreprise repère les émotions des voyageurs.

Un projet abandonné à la suite de problèmes techniques.

Nice n'est pas un cas à part.

Bastien Le Querrec, la Quadrature du Net.

Dès 2013, dans le cadre du projet Marseille Capitale de la culture, la deuxième ville de France renforce son système de vidéosurveillance.

Les images captées sont utilisées dans le cadre de réquisitions judiciaires.

Elles sont visionnées en temps réel, en complément des patrouilles de policiers, pour identifier véhicules mal garés et conducteurs inciviques.

Marseille se dote au passage d'un CSU* ultra-moderne capable de surveiller 24h/24, 7j/7 ses rues.

* Centre de surveillance urbain.

En 2017, Marseille projette un « observatoire Big Data de la tranquillité publique ».

En 2020, la nouvelle municipalité élue annonce un moratoire sur ce projet.

Engie Ineo, l'un des leaders du marché de la vidéosurveillance, remporte l'appel d'offre.

Le projet repose sur une vaste plateforme de collecte et de traitement de données.

À terme, le projet agrégera : 2 000 caméras de surveillance, des drones, les données des hôpitaux publics et des partenaires privés ou publics (collectivités, État, opérateurs télécoms), ainsi que la collecte d'informations sur les réseaux sociaux.

Partout en France, des initiatives similaires émergent sous la forme de partenariats public-privé.

En 2017, Huawei offre 240 caméras « nouvelle génération » à la ville de Valenciennes (Nord).

Tout le monde y trouve son compte : le géant chinois a carte blanche pour tester ses technologies et la ville ne paye pas ces systèmes dernier cri.

Michel Legrand, LDH section de Valenciennes.

Myrtille Picaud, chercheuse associée au Centre d'études européennes et de politique comparée (CEE).

De nombreuses communes se dotent aussi de logiciels d'analyse d'images.
Maintenant qu'on a le logiciel, ne reste plus qu'à trouver quoi analyser.
BriefCam, société israélienne filiale de Canon, est l'un des leaders du secteur.
Mais il nous fallait au moins ça.
Son logiciel serait utilisé par trente-cinq communes françaises et propose de visualiser une heure de vidéo en une minute.
Elle permet aussi de filtrer les gens selon leur tenue vestimentaire.
Ne...
Avec Jean-Michel Blanquer, ne JAMAIS dire : « tenue », « vestimentaire » et « filtre » dans la même phrase.
On le perd.
« Après avoir vendu des caméras, les entreprises proposent des logiciels qui viennent soi-disant pallier les défauts des opérateurs vidéo », rapporte Laurent Mucchielli.
Tu me trouvais parfaite autrefois.
Pour les défenseurs des libertés publiques, ces technologies ouvrent la voie à la reconnaissance faciale.
On ne pourra bientôt plus passer inaperçu !

La crise sanitaire a marqué un nouveau virage.

De nombreuses entreprises de sécurité ont saisi l'opportunité du Covid-19 pour proposer des solutions de surveillance numérique.

Myrtille Picaud

Pendant le confinement, la société Datakalab a expérimenté, à Cannes et à Paris, un logiciel de détection de port du masque par la population.

Une expérimentation écourtée par la CNIL car non conforme aux réglementations en vigueur.

De Lille à Marseille, des dizaines de villes françaises ont fait voler des drones pour diffuser des messages et appuyer des opérations de police.

Combien de temps volent-ils ? Filment-ils ? Que font-ils des images ? Sous couvert de leur utilisation en urgence, la police n'a aucun renseignement à donner sur leurs missions.

Thierry Vallat, avocat au barreau de Paris, spécialiste des enjeux numériques.

Début mai 2020, la Quadrature du Net et la LDH demandent à l'État de cesser ce dispositif qu'elles considèrent illégal, faute de cadre juridique suffisant.

Deux semaines plus tard, le Conseil d'État leur donne raison.

La captation d'images en temps réel par les drones représente un risque pour les libertés publiques, dixit le Conseil d'État.

En attendant un texte clarifiant leur usage, les forces de police ne peuvent plus les faire voler pour faire respecter les consignes sanitaires.

Mais un autre œil numérique s'est immiscé dans nos vies en même temps que l'épidémie : la caméra thermique.

Utilisée par les aéroports de Paris, les entreprises, certaines écoles ou pôles administratifs, elle interroge.

Même le lobby du secteur, l'Association nationale de vidéoprotection (AN2V), critique l'utilité du dispositif.

Dominique Legrand, président de l'AN2V.

Pour la CNIL, la multiplication des caméras thermiques risque de généraliser un sentiment de surveillance.

À Lisses dans l'Essonne, le conseil d'État a ordonné l'arrêt de l'utilisation de ces « thermomètres numériques » dans les écoles.

« Les crises sont toujours des grands moments, analyse Myrtille Picaud. Face à l'urgence, la surveillance devient plus acceptable et ceux qui s'y opposent moins audibles. »

Le prochain grand moment ? Les Jeux olympiques 2024 de Paris, dont la sécurité sera une priorité,

pourraient être une occasion de légaliser la reconnaissance faciale en France.

Marie-Laure Denis
présidente de la CNIL.

Le 24 novembre 2020, l'Assemblée nationale adopte en première lecture la proposition de loi Sécurité globale.

Celle-ci prévoit plusieurs mesures relatives à la surveillance de l'espace public.

L'article 20 élargit le périmètre d'utilisation de la vidéosurveillance.

L'article 21 prévoit, lui, la généralisation des caméras-piétons pour les forces de l'ordre et la retransmission en direct de leurs images.

Ces mesures inquiètent.

Claire Hédon
Défenseure des droits.

Le Conseil des droits de l'homme de l'ONU craint pour les libertés fondamentales.

Enfin, l'article 22 du projet de loi prévoit la généralisation de la surveillance par drones.

Il permettrait aux forces de l'ordre de les utiliser :
dans le cadre des opérations de maintien de l'ordre.
mais aussi de police judiciaire.
C'est pour nous permettre de les distinguer.
Cette légalisation, Christian Estrosi souhaite l'accélérer. Le 29 octobre 2020, l'attentat de la basilique de Nice faisait trois victimes et apportait de l'eau à son moulin.
Vous plaidez pour l'autorisation de la reconnaissance faciale.
On ne gagnera pas la guerre du XXIe siècle avec les armes du siècle précédent.
Ni en ressortant les fusils à baïonnette pour assurer la sécurité des Français.
THALES
Le maire de Nice peut être serein, les caméras ne semblent pas prêtes à retourner dans leurs cartons.

À visages découverts

La reconnaissance faciale en temps réel est aujourd'hui interdite en France et inquiète l'Europe. Mais les entreprises du secteur (Thales, Idemia...) font pression en faveur d'un assouplissement de la loi. Sans attendre le feu vert des députés, d'autres innovations lui pavent déjà la voie.

PORTIQUES ET PASSEPORTS BIOMÉTRIQUES

Alors que des portiques contrôlant le passage aux frontières à l'aide des passeports biométriques sont déployés depuis dix ans dans les aéroports français d'Orly et Roissy-Charles-de-Gaulle, le gouvernement devrait bientôt lancer Alicem, une application d'authentification permettant d'accéder aux démarches en ligne et basée sur la reconnaissance faciale. Une manière d'implanter un peu plus cette technologie dans notre quotidien. *« C'est en déployant de la biométrie présentée comme inoffensive que l'on crée du consentement »*, analyse Olivier Tesquet, journaliste spécialiste des technologies de surveillance et auteur d'*À la trace* (Éd. Premier Parallèle, 2019).

LA VIDÉOSURVEILLANCE INTELLIGENTE

Plus d'une centaine de collectivités utiliseraient déjà la vidéosurveillance intelligente en France. Derrière cette appellation générique se cachent une multitude de technologies, proches de la reconnaissance faciale, destinées à faciliter le travail des opérateurs de vidéosurveillance. BriefCam, filiale de Canon, commercialise un logiciel permettant de visualiser une heure de vidéo en quelques minutes, mais aussi d'isoler sur l'image des individus en fonction de certains critères (taille, couleur des vêtements, etc.).

DANS LES LYCÉES, UNE EXPÉRIMENTATION SANCTIONNÉE

En décembre 2018, le conseil régional de la région Sud autorisait l'installation, à titre expérimental, de portiques de reconnaissance faciale à l'entrée du lycée des Eucalyptus à Nice et du lycée Ampère à Marseille, avec en ligne de mire leur généralisation dans tous les établissements de la région. L'expérimentation a tourné au fiasco. Jugeant le dispositif disproportionné au regard de l'objectif poursuivi, la Quadrature du Net et plusieurs associations de défense des libertés publiques avaient saisi le tribunal administratif de Marseille qui leur avait donné raison. La CNIL, elle, avait conclu que le dispositif *« ne saurait être légalement mis en œuvre »*.

LA RECONNAISSANCE FACIALE, UN OUTIL POUR LA POLICE

La reconnaissance faciale par les forces de l'ordre est déjà une réalité. La police compare aujourd'hui les images qu'elle arrive à collecter – entre autres via la vidéosurveillance ou les réseaux sociaux – à celles contenues dans le TAJ, pour Traitement d'antécédents judiciaires, un mégafichier commun à la police et à la gendarmerie nationale regroupant plus de 18,9 millions de fiches – dont 8 millions avec photos – de personnes ayant été entendues en qualité de victimes ou de présumées coupables dans une affaire judiciaire. Au premier semestre 2020, plus de 200 000 requêtes avaient été faites pour consulter les données de ce fichier, selon Next INpact.

© CHAMELEONS EYE/SHUTTERSTOCK/SIPA

Avec le Covid-19, la ville de Perth, en Australie, a accru le nombre de ses véhicules de patrouille « Safe City ».

MAKING-OF

« En reportage à Nice, nous avons rencontré Emmanuel Aguera, vieux loup de la Ligue des droits de l'homme, association opposée aux caméras installées partout dans la ville par Christian Estrosi. Sirotant un soda place Garibaldi, nous avons échangé pendant plusieurs heures sur cette ville, où la vidéosurveillance a toujours fait consensus et où les questions de libertés individuelles n'intéressent qu'une poignée de militants. Le tout, sous le regard de ces yeux numériques. »

Clément Le Foll et Clément Pouré

LA RECONNAISSANCE FACIALE, BIENTÔT À L'ASSEMBLÉE ?

« Les technologies de reconnaissance faciale font partie de la panoplie que le gouvernement pourrait utiliser si l'Assemblée délibérait dans ce sens », confie Jean-Michel Mis, député La République en marche. Plusieurs élus plaident pour une expérimentation du dispositif en amont et durant les Jeux olympiques.

DESSINS : RICA

À VOIR

Tous surveillés : 7 milliards de suspects, de Sylvain Louvet et Ludovic Gaillard. Un documentaire édifiant, prix Albert-Londres 2020 de l'audiovisuel. Arte (2020).

À LIRE

L'Œil sécuritaire : mythes et réalités de la vidéosurveillance, d'Élodie Lemaire. Enquête de l'autre côté des écrans. Éd. La Découverte (2019).

SPORT

MI-TEMPS

Roller derby. Bleu violacé, jaune moutarde, cramoisi, brun olivâtre... La palette des hématomes des adeptes de ce sport de glisse aurait de quoi décourager les plus téméraires. Pourtant, le circuit de roller derby est devenu pour beaucoup un lieu «sûr». Notre dessinatrice, elle, s'est jetée dans la mêlée.

LISA BLUMEN

* DUR·E À CUIRE.

C'EST UN SPORT DE CONTACT MAJORITAIREMENT PRATIQUÉ PAR DES FEMMES, MAIS QUI A LA RÉPUTATION D'ÊTRE VRAIMENT
BADASS.
ÇA TOMBAIT BIEN PARCE QUE DANS L'ATELIER EN DESSOUS DU MIEN IL Y A NOÉMIE QUI FAIT PARTIE DE L'ÉQUIPE DE ROLLER DERBY DE STRASBOURG DONT LE NOM ANNONCE LA COULEUR : LES HELL'S ASS.
NOÉMIE EST HYPER SPORTIVE ET TRÈS IMPLIQUÉE DANS LE ROLLER DERBY :
C'EST UN DES RARES SPORTS QUE LES FEMMES AMÉRICAINES DES ANNÉES 1950 POUVAIENT PRATIQUER AU MÊME TITRE QUE LES HOMMES.
C'ÉTAIENT DES FEMMES, LESBIENNES POUR LA PLUPART, QUI EN AVAIENT MARRE QU'ON LEUR EXPLIQUE COMMENT ELLES DEVAIENT SE COMPORTER.
À L'ÉPOQUE, ON LEUR DISAIT QUAND MÊME QUE, SI ELLES BOUGEAIENT TROP, LEUR UTÉRUS ALLAIT TOMBER !
OUPS !
GALVANISÉE PAR CES HISTOIRES, JE COMMENCE À FAIRE DES RECHERCHES.
OUPS !

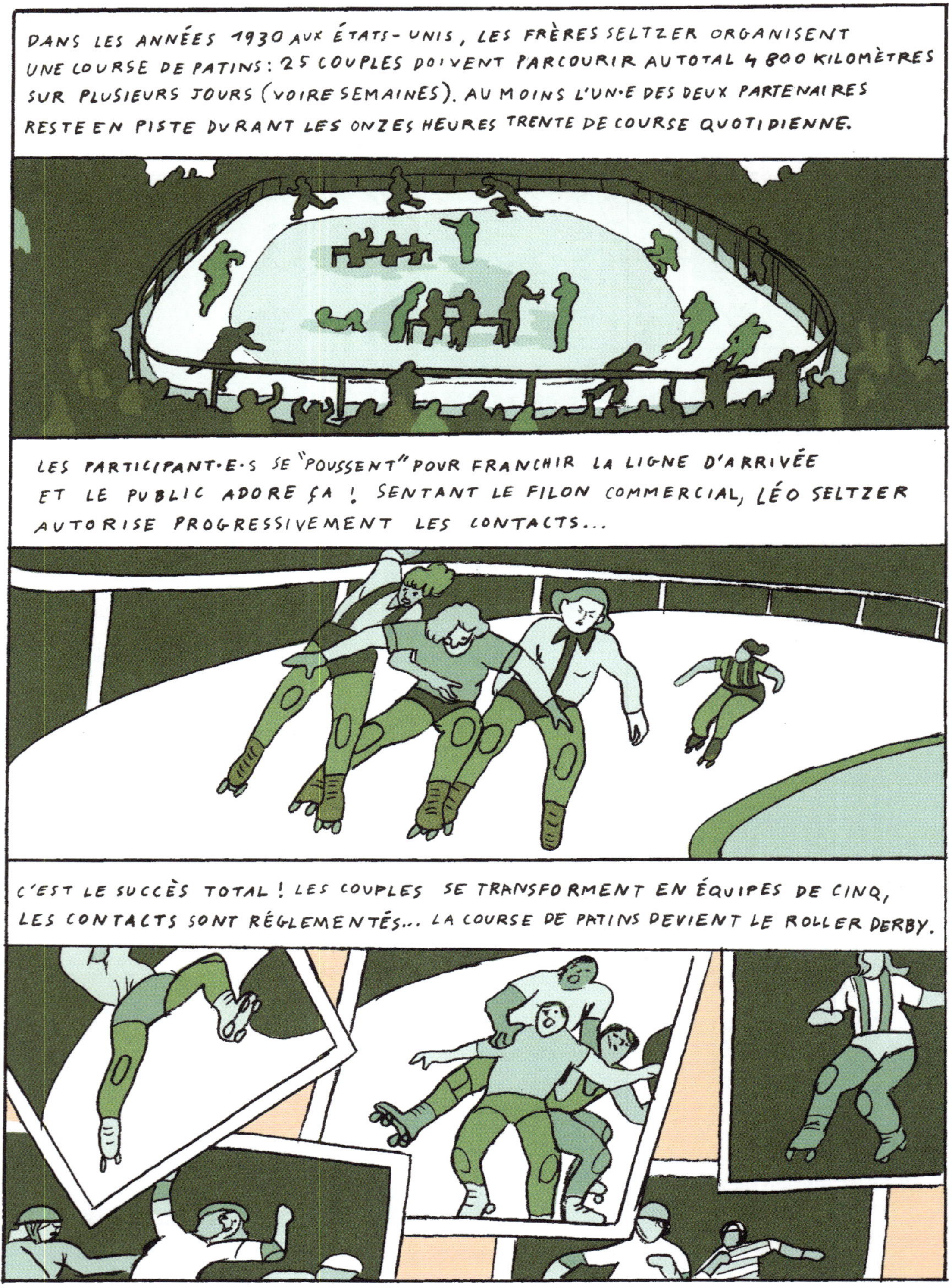
DANS LES ANNÉES 1930 AUX ÉTATS-UNIS, LES FRÈRES SELTZER ORGANISENT UNE COURSE DE PATINS : 25 COUPLES DOIVENT PARCOURIR AU TOTAL 4 800 KILOMÈTRES SUR PLUSIEURS JOURS (VOIRE SEMAINES). AU MOINS L'UN·E DES DEUX PARTENAIRES RESTE EN PISTE DURANT LES ONZES HEURES TRENTE DE COURSE QUOTIDIENNE.
LES PARTICIPANT·E·S SE "POUSSENT" POUR FRANCHIR LA LIGNE D'ARRIVÉE ET LE PUBLIC ADORE ÇA ! SENTANT LE FILON COMMERCIAL, LÉO SELTZER AUTORISE PROGRESSIVEMENT LES CONTACTS...
C'EST LE SUCCÈS TOTAL ! LES COUPLES SE TRANSFORMENT EN ÉQUIPES DE CINQ, LES CONTACTS SONT RÉGLEMENTÉS... LA COURSE DE PATINS DEVIENT LE ROLLER DERBY.

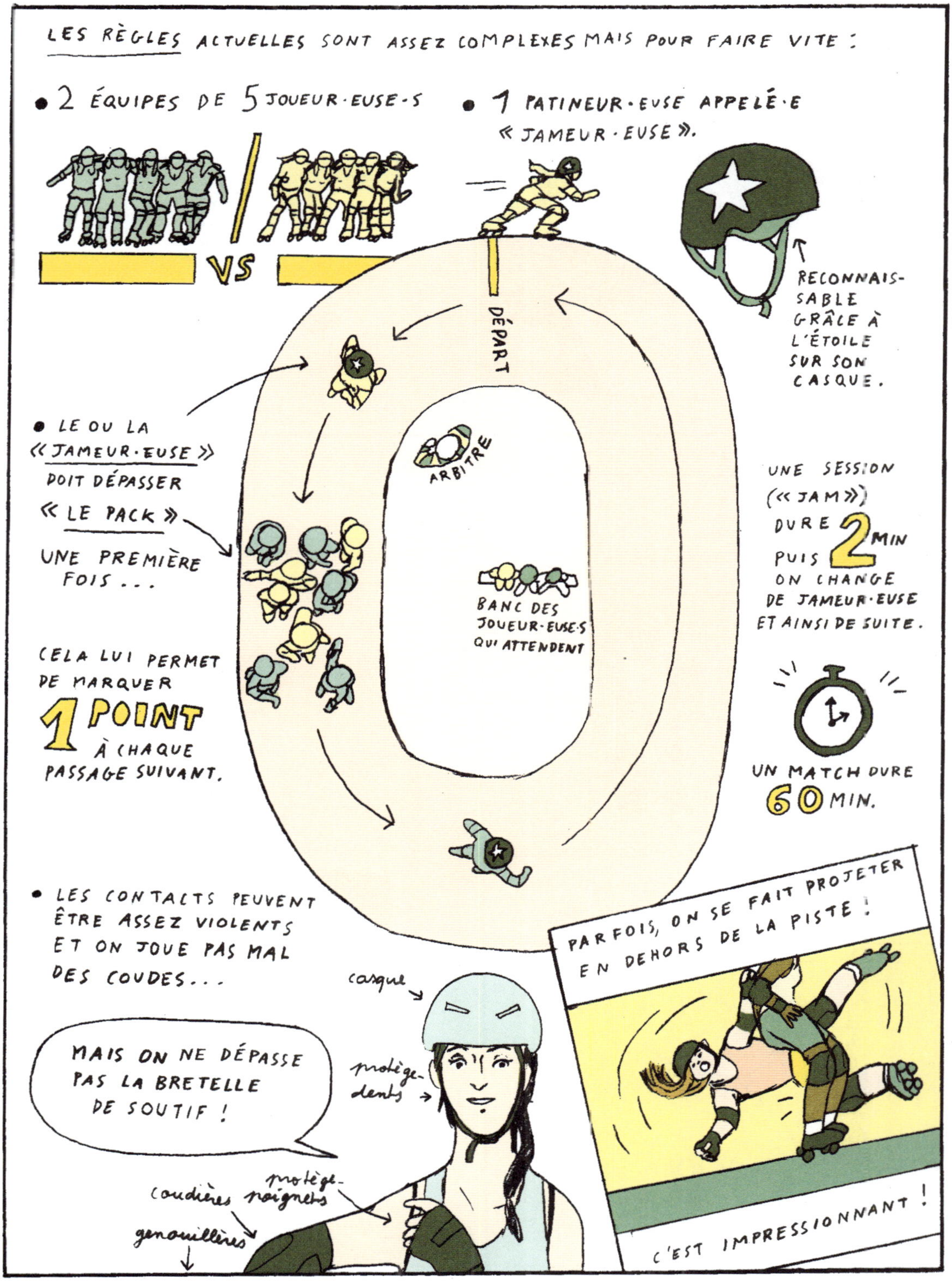
LES RÈGLES ACTUELLES SONT ASSEZ COMPLEXES MAIS POUR FAIRE VITE :
• 2 ÉQUIPES DE 5 JOUEUR·EUSE·S
VS
• 1 PATINEUR·EUSE APPELÉ·E « JAMEUR·EUSE ».
RECONNAISSABLE GRÂCE À L'ÉTOILE SUR SON CASQUE.
DÉPART
ARBITRE
• LE OU LA « JAMEUR·EUSE » DOIT DÉPASSER « LE PACK » UNE PREMIÈRE FOIS...
CELA LUI PERMET DE MARQUER 1 POINT À CHAQUE PASSAGE SUIVANT.
BANC DES JOUEUR·EUSE·S QUI ATTENDENT
UNE SESSION (« JAM ») DURE 2 MIN PUIS ON CHANGE DE JAMEUR·EUSE ET AINSI DE SUITE.
UN MATCH DURE 60 MIN.
• LES CONTACTS PEUVENT ÊTRE ASSEZ VIOLENTS ET ON JOUE PAS MAL DES COUDES...
casque
protège-dents
coudières
protège-poignets
genouillères
MAIS ON NE DÉPASSE PAS LA BRETELLE DE SOUTIF !
PARFOIS, ON SE FAIT PROJETER EN DEHORS DE LA PISTE !
C'EST IMPRESSIONNANT !

EN ME RENSEIGNANT SUR CE SPORT, JE ME DÉCOMPOSE PETIT À PETIT...
OULALALALA..
AÏE
QUELLE CHUTE ! DOUBLE FRACTURE OUVERTE DE LA CHEVILLE
BOUM
D'AUTANT QUE MES SOUVENIRS DE SPORTS DE GLISSE RESTENT DOULOUREUX.
MAIS ON ME RASSURE :
ON VA JUSTE FAIRE DU PATIN ! ON NE VA PAS VOUS TAPER DESSUS ALORS QUE VOUS NE SAVEZ PAS ROULER !
AH... OUF !
L'ÉTAT D'ESPRIT DES COACHS ET DES AUTRES PATINEUSES EST TRÈS BIENVEILLANT.
VA À TON RYTHME !
TU VAS Y ARRIVER !
SUR LA PISTE AVEC D'AUTRES « DÉBUTANTES » (QUI ÉTAIENT, EN FAIT, SUPER FORTES), JE PRENDS CONSCIENCE DE MON NIVEAU...
PANIQUE
SUEUR
DOS VOÛTÉ DE MAMIE
AUTRE « DÉBUTANTE »
LONGS SPAGHETTIS CUITS
≈ 3 KM/H

LE DERBY EST L'UN DES RARES SPORTS OÙ TU PEUX ÊTRE PÉNALISÉE SI TU INSULTES QUELQU'UN.
SI C'EST UNE INSULTE GRAVE (HOMOPHOBE, RACISTE, SEXISTE...), TU PEUX ÊTRE EXCLU·E DE LA SAISON ENTIÈRE !
C'EST AUSSI ÇA L'INTÉRÊT DE CE SPORT : CRÉER UN ESPACE « SAFE » POUR SES PARTICIPANT·E·S.
APRÈS ÊTRE TOMBÉ DANS L'OUBLI DANS LES ANNÉES 1980, LE ROLLER DERBY CONNAÎT UNE RÉSURRECTION DANS LES ANNÉES 2000. IL DEVIENT L'EMBLÈME D'UNE FÉMINITÉ DÉCOMPLEXÉE ET UN LIEU DE CONNIVENCE LGBT.
LE DERBY SURFE SUR LA VAGUE DU « DO IT YOURSELF », AVEC CETTE IDÉE DE CRÉER SA PROPRE IDENTITÉ. ON SE COSTUME, ON S'INVENTE UN NOM DE SCÈNE INSPIRÉ DES DRAG QUEENS...
CRAC !!
UN CREDO : SI TU NE CORRESPONDS PAS AUX NORMES, CRÉE-LES TOI-MÊME !
66
SATAN'S ASS

GENS DU VOYAGE

MAUVAISES AIRES

Vivre à moins de 500 mètres de deux sites Seveso. Cela paraît impensable et pourtant... À Rouen, c'est là que les caravanes sont sommées de s'installer, là que les enfants doivent jouer. Là, dans cet air chargé de poussière et d'odeurs d'hydrocarbures, que des dizaines de personnes vivent. Relégués sur les terrains sans valeur des zones industrielles, ceux que l'on appelle « gens du voyage » ont souvent pour seules voisines une station d'épuration, une bretelle d'autoroute ou une déchetterie. Rouen n'a rien d'une exception : les aires dites « d'accueil » portent souvent très mal leur nom. Alors, de Lille à Villeparisis, des familles s'organisent pour ne pas laisser leurs poumons se changer en béton.

MAÏA COURTOIS **GASPARD NJOCK**

CE REPORTAGE A ÉTÉ RÉALISÉ EN S'APPUYANT SUR LES TRAVAUX DE RECHERCHE DE LISE FOISNEAU ET VALENTIN MERLIN.

* LA CLASSIFICATION SEVESO DÉSIGNE UNE ENTREPRISE DONT L'ACTIVITÉ EST LIÉE À L'UTILISATION DE SUBSTANCES DANGEREUSES.

VANESSA, RÉVEILLE-TOI ! REGARDE !
QU'EST-CE QUE... ?!
À 500 MÈTRES DE L'EXPLOSION VIVENT DES FAMILLES, INSTALLÉES SUR L'AIRE D'ACCUEIL DE PETIT-QUEVILLY.

QUELQUES HEURES PLUS TARD, L'ODEUR A ENVAHI LA CARAVANE OÙ VANESSA ET SA FILLE VICTORIA SE SONT RÉFUGIÉES. GAZ, FUMÉE, DÉCHETS TOXIQUES SE MÉLANGENT. L'AIRE D'ACCUEIL NE DISPOSE PAS DE LOCAL DE CONFINEMENT.
J'AI ENVIE DE VOMIR...
UN PÉRIMÈTRE DE SÉCURITÉ EST DRESSÉ...
IL N'Y AURA PAS D'ÉVACUATION, VOUS N'ÊTES PAS EN ZONE HABITABLE.
POLICE
LES HABITANTS DE L'AIRE D'ACCUEIL DOIVENT RESTER À L'INTÉRIEUR DE LEURS CARAVANES.

MÉTROPOLE DE ROUEN, NORMANDIE.
POUR TROUVER L'AIRE D'ACCUEIL, IL FAUT ALLER AU FOND DE LA ZONE INDUSTRIELLE. L'USINE TOTAL, JOUXTANT CELLE DE LUBRIZOL, EST LA PLUS PROCHE VOISINE.
BON APPÉTIT !
LES HABITANTS D'UNE TRENTAINE DE CARAVANES VIVENT ICI, ACCOLÉS À LA VOIE RAPIDE.

* LE CHOIX DE LA DÉNOMINATION POSE QUESTION. VOIR À CE SUJET LES PAGES "EN SAVOIR PLUS".

12 DÉCEMBRE 2019, ASSEMBLÉE NATIONALE.
LA MÉTROPOLE NOUS PROMET DES TRAVAUX. ON PRÉFÈRERAIT CHANGER DE TERRAIN.
ALLEZ-VOUS INTERROGER LES ÉLUS SUR CE QUI S'EST PASSÉ ET SUR LA FAÇON DONT ILS NOUS MALMÈNENT ?
DEPUIS L'ACCIDENT INDUSTRIEL, VANESSA S'EST AUTO-PROCLAMÉE "MADAME LUBRIZOL".
NOUS AVONS SUBI UNE PRESSION CONTINUE. LA MÉTROPOLE NOUS A ENVOYÉ L'HUISSIER À PLUSIEURS REPRISES AFIN DE NOUS INTIMIDER.
LORS DE CETTE AUDITION, CERTAINS ENVISAGENT LA CRÉATION D'UNE COMMISSION D'ENQUÊTE SUR LES AIRES D'ACCUEIL ET LEUR VOISINAGE.
DAMIEN ADAM, RAPPORTEUR DU TEXTE
CE SONT DES ÉLÉMENTS PERTINENTS, QUI POURRONT ÊTRE INSCRITS DANS LE RAPPORT.
POURTANT, DANS CE RAPPORT, PARU LE 12 FÉVRIER 2020, CETTE PROPOSITION N'EST PAS RETENUE, NI AUCUNE AUTRE CONCERNANT LES AIRES D'ACCUEIL.

* LA MÉTROPOLE ROUEN NORMANDIE, PRÉSIDÉE PAR NICOLAS MAYER-ROSSIGNOL (PS), N'A PAS DONNÉ SUITE À NOS DEMANDES D'INTERVIEW.

** LES VOYAGEURS RÉSIDANT SUR LES AIRES D'ACCUEIL NE SONT PAS SOUMIS AUX TARIFS CLASSIQUES POUR L'EAU ET L'ÉLECTRICITÉ.

CHEZ LES PRINCIPAUX CONCERNÉS, UNE BLAGUE CIRCULE...
SI TU NE TROUVES PAS L'AIRE D'ACCUEIL ...
... CHERCHE LA DÉCHETTERIE !
LE JURISTE WILLIAM ACKER, ISSU D'UNE FAMILLE DE VOYAGEURS, A GRANDI SUR DES TERRAINS SITUÉS SUR DES PARKINGS DÉSAFFECTÉS, VOISINS D'USINES...
... OU DE CHAMPS AVEC DES ÉPANDAGES DE PESTICIDES.
DES RESPONSABLES POLITIQUES NOUS DISENT : VOUS N'AVEZ PAS DE PREUVES, PAS DE CHIFFRES, PAS DE DONNÉES...
C'EST POUR ÇA QUE JE FAIS CE RECENSEMENT.
AUJOURD'HUI, IL RÉPERTORIE LES AIRES D'ACCUEIL POUR ÉTABLIR UNE CARTOGRAPHIE NATIONALE, EN SE BASANT SUR L'ÉTUDE DES PLANS LOCAUX D'URBANISME.

DANS LES 47 DÉPARTEMENTS ÉTUDIÉS PAR LE JURISTE, 63 % DES AIRES JOUXTENT DES AUTOROUTES, STATIONS D'ÉPURATION, CARRIÈRES, DÉCHETTERIES, OU SE TROUVENT À MOINS DE 200 MÈTRES D'UN SITE SEVESO.
EN PLUS, 80 % DES AIRES SONT ISOLÉES DES ZONES HABITÉES.
ICI, VOUS SEREZ TRANQUILLES, PROCHES DE LA NATURE...
LA TENDANCE CONSISTE À ÉLOIGNER LES AIRES D'ACCUEIL DES CENTRES-VILLES AU MAXIMUM, CAR LEUR IMPLANTATION EST TRÈS IMPOPULAIRE ET LES ÉLUS CRAIGNENT DES RÉPERCUSSIONS ÉLECTORALES.
LES MUNICIPALITÉS CHERCHENT AUSSI DES TERRAINS PEU COÛTEUX, QUI PUISSENT ÊTRE RACCORDÉS FACILEMENT À L'EAU ET L'ÉLECTRICITÉ, DONC PROCHES DES ZONES INDUSTRIELLES.
NOUS AVONS PRIS LES MESURES NÉCESSAIRES POUR VOUS GARANTIR L'ACCÈS AUX SERVICES !

* FÉDÉRATION NATIONALE DES ASSOCIATIONS SOLIDAIRES D'ACTION AVEC LES TSIGANES ET LES GENS DU VOYAGE.

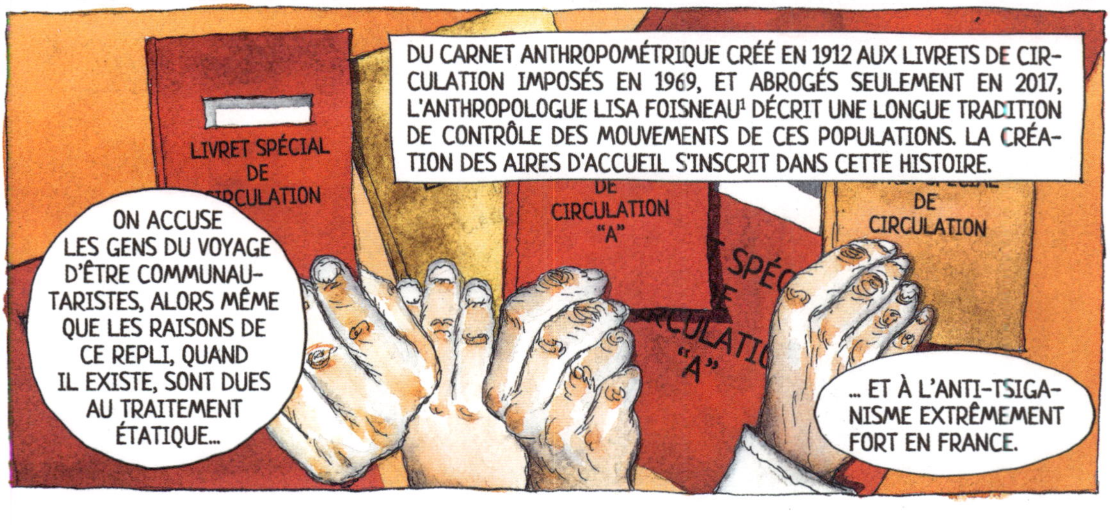

1 : LES AIRES D'ACCUEIL DES GENS DU VOYAGE : UNE SOURCE MAJEURE D'INÉGALITÉS ENVIRONNEMENTALES, LISE FOISNEAU, « ÉTUDES TSIGANES », N° 67, 2020.

JACQUELINE ET JEAN, GITANS FRANÇAIS À LA RETRAITE, VIVENT DEPUIS ONZE ANS SUR L'AIRE D'ACCUEIL DE VILLEPARISIS (SEINE-ET-MARNE.).
DANS CE DÉPARTEMENT FRANCILIEN, SELON LE RECENSEMENT DE WILLIAM ACKER, 80 % DES 31 AIRES D'ACCUEIL SONT ISOLÉES.
ICI, LE BRUIT DES ENGINS DE CHANTIER ET DES CAMIONS QUI PASSENT SUR LE CHEMIN DEVANT L'ENTRÉE LAISSE PEU DE RÉPIT.
SUR LES HAUTEURS DE L'AIRE, L'ENTREPRISE CLAMENS TRAITE DES DÉCHETS DU BTP.
MAN
VROOOOM
EN CONTREBAS, DES MONTAGNES DE VERRE S'ENTASSENT SUR UN SITE DE RECYCLAGE.
VROOOOM

* LE NOUVEAU MAIRE DE VILLEPARISIS "NE TIENT PAS" À S'EXPRIMER SUR LE SUJET ET RENVOIE VERS LA COMMUNAUTÉ D'AGGLOMÉRATION DE ROISSY PAYS DE FRANCE. MALGRÉ NOS MULTIPLES RELANCES, LES RESPONSABLES DE CETTE DERNIÈRE N'ONT PAS DONNÉ SUITE.

PLUS DE 200 KILOMÈTRES AU NORD DE VILLEPARISIS, L'AIRE D'ACCUEIL D'HELLEMMES-RONCHIN, DANS LA MÉTROPOLE DE LILLE (59), EST COINCÉE ENTRE UNE USINE À BÉTON ET UNE USINE DE CONCASSAGE, LE TOUT NON LOIN D'UNE VOIE FERRÉE.
AU FIL DES ANNÉES, LES ENFANTS SE SONT MARIÉS, ONT EMMÉNAGÉ DANS LEURS PROPRES CARAVANE, ONT EU À LEUR TOUR DES ENFANTS. AUJOURD'HUI, 250 À 300 PERSONNES VIVENT ICI. L'AIRE EST SURPEUPLÉE.
ET IL Y A TROP DE POUSSIÈRE.
MERCEDES, ALIAS NÉNETTE, VIT SUR CE TERRAIN DEPUIS QUATORZE ANS.
ON SE LÈVE POUSSIÈRE. ON MANGE POUSSIÈRE. ON SE LAVE POUSSIÈRE...
ET PUIS, IL Y A LE BRUIT...

L'USINE DE CONCASSAGE S'EST INSTALLÉE EN 2013. EN RÉACTION, PLUSIEURS FEMMES ONT DÉCIDÉ DE FORMER UN COLLECTIF.
MAYA ET SES SŒURS CONSTITUENT LE NOYAU DUR DU GROUPE.
ON VEUT JUSTE SORTIR DE CET ENFER-LÀ !
ÇA RECOMMENCE AVEC LES BRUITS.
ON FAIT QUOI MAINTENANT ?
PASSE-MOI LES BOULES QUIES.

PENDANT LONGTEMPS, LE RAMASSAGE DES DÉCHETS A ÉTÉ UNE CATASTROPHE. IL L'EST ENCORE PARFOIS.
AU-DELÀ DU BRUIT ET DE LA POUSSIÈRE, LES AIRES D'ACCUEIL SONT SOUVENT INSALUBRES, AVEC LA PRÉSENCE D'ANIMAUX NUISIBLES.

ET PUIS, LES CONSTRUCTIONS DE BLOCS SANITAIRES OU LES OPÉRATIONS DE RACCORDEMENT LAISSENT SOUVENT À DÉSIRER.

IL Y A SANS CESSE DES PROBLÈMES D'ACCÈS À L'EAU, ET DES COUPURES DE CHAUFFAGE ET D'ÉLECTRICITÉ EN HIVER.

À HELLEMMES-RONCHIN, LA MÉTROPOLE A CONFIÉ LA GESTION DE L'AIRE À LA MULTINATIONALE VEOLIA.
LOUER UNE DALLE POUR LA CARAVANE COÛTE PRÈS DE 63 EUROS PAR MOIS...
MAIS LE PIRE, CE SONT LES FACTURES D'EAU ET D'ÉLECTRICITÉ...
EN HIVER, ON PAIE JUSQU'À 400 EUROS PAR MOIS !
ON NE VEUT PAS PAYER POUR MOURIR !
MA BELLE-SŒUR A DÛ MONTER UN DOSSIER DE SURENDETTEMENT... COMME BEAUCOUP ICI.

INFECTIONS CARDIO-VASCULAIRES, SATURNISME, MALADIES CARDIO-RESPIRATOIRES... IL Y A DES PATHOLOGIES PLUS FRÉQUENTES CHEZ LES GENS DU VOYAGE QUE DANS LA POPULATION GÉNÉRALE.
STÉPHANIE VANDENTORREN, RESPONSABLE DE SANTÉ PUBLIQUE FRANCE EN NOUVELLE-AQUITAINE, MÈNE UNE ÉTUDE POUR LA FNASAT SUR LA SANTÉ DES GENS DU VOYAGE DANS LA RÉGION.
À CAUSE DE LA POUSSIÈRE, MAYA, TOUT COMME SES PARENTS, SOUFFRE DES YEUX. SON PÈRE, SOUVENT MALADE DES BRONCHES, EST SUIVI PAR L'HÔPITAL. LA BELLE-SŒUR DE SA SŒUR EST RÉCEMMENT MORTE D'UN CANCER DU POUMON.
ÇA TE GRATTE ENCORE ?
REGARDE, J'AI DES PETITS BOUTONS...
LES GENS DU VOYAGE SONT SOUVENT ÉLOIGNÉS DES DROITS SOCIAUX, DE LA PRÉVENTION, DES SOINS... ILS SUBISSENT PARFOIS DES DISCRIMINATIONS DANS L'ACCÈS À LA SANTÉ OU RENONCENT À SE SOIGNER.
LE STRESS ET LE BRUIT AGISSENT SUR LES RELATIONS HUMAINES, ET AFFECTENT LA SANTÉ PSYCHIQUE.
ET ÇA ME PIQUE LE NEZ !
L'AIRE D'ACCUEIL IMPOSE UN CADRE DE VIE À UNE CATÉGORIE DE POPULATION. LA DOMINATION DE CES PERSONNES, DISCRIMINÉES DEPUIS LONGTEMPS EN EUROPE, PASSE PAR LA DESTRUCTION DE LEUR ENVIRONNEMENT.
MARIE TOUSSAINT, EURODÉPUTÉE ÉCOLOGISTE

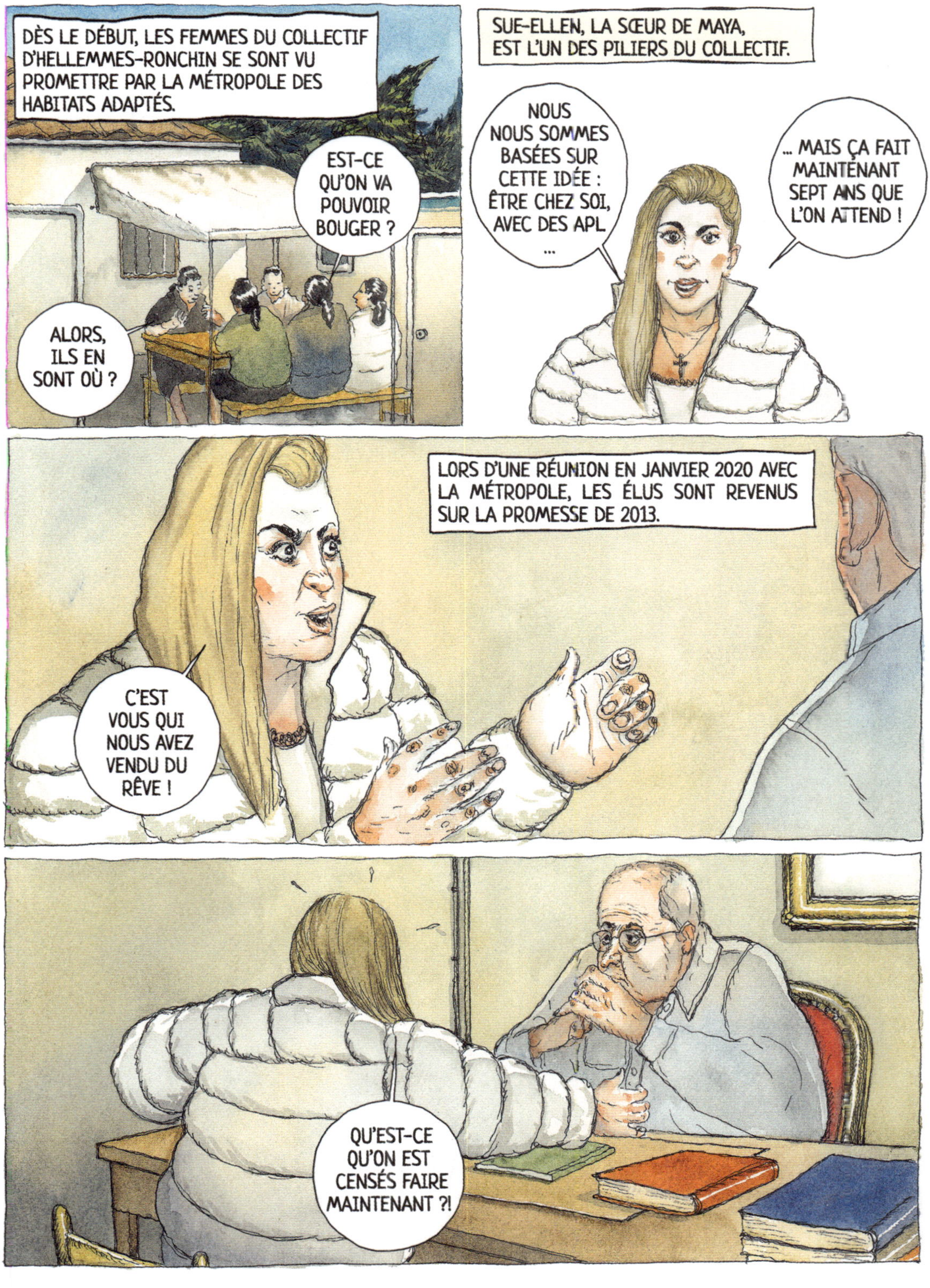
DÈS LE DÉBUT, LES FEMMES DU COLLECTIF D'HELLEMMES-RONCHIN SE SONT VU PROMETTRE PAR LA MÉTROPOLE DES HABITATS ADAPTÉS.
EST-CE QU'ON VA POUVOIR BOUGER ?
ALORS, ILS EN SONT OÙ ?
SUE-ELLEN, LA SŒUR DE MAYA, EST L'UN DES PILIERS DU COLLECTIF.
NOUS NOUS SOMMES BASÉES SUR CETTE IDÉE : ÊTRE CHEZ SOI, AVEC DES APL ...
... MAIS ÇA FAIT MAINTENANT SEPT ANS QUE L'ON ATTEND !
LORS D'UNE RÉUNION EN JANVIER 2020 AVEC LA MÉTROPOLE, LES ÉLUS SONT REVENUS SUR LA PROMESSE DE 2013.
C'EST VOUS QUI NOUS AVEZ VENDU DU RÊVE !
QU'EST-CE QU'ON EST CENSÉS FAIRE MAINTENANT ?!

MADAME, IL EST TROP TÔT POUR ÉVOQUER LES PERSPECTIVES D'UN NOUVEAU TERRAIN.
PATRICK DELEBARRE, CONSEILLER DE LA MÉTROPOLE EUROPÉENNE DE LILLE, EN CHARGE DES GENS DU VOYAGE.
C'EN EST AU POINT MORT. À CHAQUE FOIS, ON RÉPÈTE LES MÊMES CHOSES. À FORCE, C'EST GAVANT.
JE N'AI MÊME PLUS ENVIE D'ALLER À CES RÉUNIONS. JE N'AI PLUS ENVIE DE RIEN.
DEPUIS JANVIER, SUE-ELLEN EST LA PLUS DÉCOURAGÉE DE TOUTES.
APRÈS, ON N'Y A PAS VRAIMENT CRU...
UN PETIT PEU. MOI, J'Y AI CRU UN PETIT PEU.

* À LOUER OU À ACHETER, LE TERRAIN FAMILIAL RELÈVE DE L'ÉQUIPEMENT PRIVÉ, CONTRAIREMENT AUX AIRES D'ACCUEIL. IL EST COMPOSÉ D'UN ESPACE DE STATIONNEMENT POUR LA OU LES CARAVANES, AINSI QUE D'UNE CONSTRUCTION D'APPOINT COMPRENANT DES SANITAIRES ET PARFOIS UNE PIÈCE DE VIE.

L'AIRE D'ACCUEIL DE GEX SE SITUE EN PLEIN MILIEU D'UNE CARRIÈRE.
LE SITE SERVAIT DE DÉCHARGE POUR DES DÉCHETS DU BTP, DES BATTERIES, DE L'AMIANTE...

* DIRECTION RÉGIONALE DE L'ENVIRONNEMENT, DE L'AMÉNAGEMENT ET DU LOGEMENT. ** FRACTION LIQUIDE DES DÉCHETS.

OCTOBRE 2019.
NOS POUMONS C'EST DU BÉTON
BRONCHIOLITES AU QUOTIDIEN
LICE
ILS NOUS PRENNENT NOTRE ARGENT, ON BOUFFE LA POUSSIÈRE !

Y EN A MARRE, UN NOUVEAU TERRAIN
GITANS FRANÇAIS
J'HABITE ENTRE DEUX USINES
LE COLLECTIF DES FEMMES D'HELLEMMES-RONCHIN MANIFESTE DANS LE CENTRE DE LILLE.

ASSEMBLÉE NATIONALE, AUDITION DU 12 DÉCEMBRE 2019.
CHERCHEZ LES LIEUX INVISIBLES DANS VOS COMMUNES, ET PENSEZ AUX PERSONNES QUI SONT LÉGALEMENT TENUES D'Y VIVRE ET DE PAYER LEUR LOYER.
L'AIRE D'ACCUEIL DE SAINT-GERMAIN-EN-LAYE EST SITUÉE EN PLEIN CŒUR D'UNE DES PLUS DANGEREUSES USINES DE TRAITEMENT DES EAUX EN FRANCE.
L'AIRE D'ACCUEIL DE PLAISIR, AU BORD D'UNE ROUTE NATIONALE ET D'UNE DÉCHETTERIE.
L'AIRE D'ACCUEIL DU MESNIL-SAINT-DENIS JOUXTE UNE STATION D'ÉPURATION OÙ LES ODEURS SONT INFECTES.
L'AIRE D'ACCUEIL DE FRENEUSE EST ENTRE UNE USINE DE BÉTON, UNE DÉCHETTERIE ET UN CIMETIÈRE.
WILLIAM ACKER
IL EST URGENT DE REPENSER L'ENTIÈRETÉ DE LA LOI BESSON...
MALGRÉ LES DIFFICULTÉS, NOMBRE DE VOYAGEURS ONT UN ATTACHEMENT PARADOXAL À LEUR LIEU DE VIE.
ICI, ON A NOS PAPIERS À LA MAIRIE, NOTRE CAVEAU FAMILIAL...
ET DE TOUTE FAÇON, ON N'A PAS D'AUTRE ENDROIT.

RÉMY VIENOT, ASSEMBLÉE NATIONALE, AUDITION DU 12 DÉCEMBRE 2019.
JE N'AI PAS DU TOUT ESPOIR QUE CE SUJET ÉMERGE POLITIQUEMENT. LES GENS VONT GALÉRER PENDANT ENCORE TRENTE ANS, ET PETIT À PETIT, ON VA RÉUSSIR À NOUS SÉDENTARISER…
HELLEMMES-RONCHIN.
ON VA MOURIR ICI. COMME SI ON ALLAIT PARTIR !
ON A GRANDI ICI.
ON EST BIEN ICI.
LE LOGEMENT PRIVÉ, CE N'EST PAS POSSIBLE FINANCIÈREMENT. LE LOGEMENT SOCIAL, IL Y A BEAUCOUP DE DEMANDES…
PETIT-QUEVILLY.
LÀ, ON ESPÈRE JUSTE UN LOCAL DE CONFINEMENT.
ON NE VOULAIT PLUS RESTER ICI À CAUSE DE LA DANGEROSITÉ, MAIS JE CROIS QUE ÇA NE SERT PLUS À RIEN DE DEMANDER.

PETIT-QUEVILLY, LE SOIR DE LA CATASTROPHE INDUSTRIELLE.
ICI COMME AILLEURS...
... LES VOYAGEURS SE POSENT LA QUESTION...

... PARTIR ?

POUR ALLER OÙ ?

« La catégorie "gens du voyage" est celle de l'administration »

Lise Foisneau
est ethnologue, post-doctorante à l'EHESS. Pendant trois ans, elle a mené une enquête de terrain auprès desdits « gens du voyage » et a habité plus d'un an sur l'aire de Saint-Menet, à Marseille. Elle travaille notamment sur les inégalités environnementales*.

Comment nommer ? La question est centrale pour penser les discriminations dont sont victimes lesdits « gens du voyage ». Renouveler les discours médiatiques, politiques, associatifs et universitaires passe donc par une déconstruction des catégories administratives. Celles-ci modèlent le regard communément porté sur les Voyageurs, qui fait fi de la diversité de leurs cultures et de leurs réalités sociales.

Vous privilégiez les termes « collectifs romani et voyageurs ». Pour quelle raison ?

L'expression « gens du voyage » est une catégorie forgée par l'administration à des fins de contrôle. Elle uniformise la diversité des personnes qui habitent sur des aires d'accueil. Utiliser cette catégorie revient à reconduire, sans réflexion, les présupposés de l'administration. L'expression « collectifs romani et voyageurs » vise à indiquer la richesse des mondes, très nombreux, qui se croisent sur les aires : Manouches, Sinti, Yéniches, Roms, Gitans, Voyageurs…

D'où vient la catégorie « gens du voyage » ?

Elle s'inscrit dans une longue histoire, commencée au moins en 1912 lorsque la Troisième République a créé la catégorie

© VALENTIN MERLIN

L'usine Lubrizol se situe à 500 mètres de l'aire du Petit-Quevilly. Entre les deux, se trouve Total Lubrifiants.

de « nomade ». Il s'agissait alors d'éviter une désignation raciale contraire aux principes républicains tout en contrôlant des populations dont le mode de vie était jugé indésirable. En France, les formes de l'antitsiganisme se sont structurées autour d'une certaine idée de la mobilité. Mon travail consiste à inscrire la situation actuelle des collectifs romani et voyageurs dans l'histoire longue des persécutions exercées par l'administration à leur encontre. Face à ces contraintes, les collectifs ont inventé des stratégies de résistance. Celles-ci n'ont jamais cessé de se métamorphoser : c'est pourquoi l'historienne Henriette Asséo a, dès 1989, qualifié ces collectifs de « peuples-résistances »...

Je me suis installée sur des aires d'accueil comme n'importe quel usager

Pourquoi avoir choisi l'observation participante ?

Pour accéder aux aires d'accueil, j'ai fait le choix de ne pas révéler mon statut d'ethnologue à l'administration. Mon but était d'observer librement les relations de contrôle et de pouvoir qui s'y nouent. C'était un secret bien gardé entre les habitants et moi-même. L'idée était d'avoir une méthode inverse de celle employée jusqu'alors : à savoir entrer en contact avec des Voyageurs par l'intermédiaire d'une association, d'un centre social ou des gestionnaires. En demandant l'accord de l'administration, on redouble le dispositif étatique en place, et on est perçus comme des surveillants par les résidents... J'ai tenté d'éviter ces biais en m'installant sur les aires comme n'importe quel usager. En 2015, mon compagnon, Valentin Merlin, s'est déclaré « gens du voyage » auprès de la préfecture de Marseille et nous avons obtenu un livret de circulation. Dès lors, nous avons pu observer les interactions entre les administrations et les personnes ainsi catégorisées, mais aussi les éprouver nous-mêmes.

* « Les aires d'accueil des gens du voyage : une source majeure d'inégalités environnementales », « Études tsiganes », 2020.

© VALENTIN MERLIN

L'aire de Hellemmes-Ronchin (59) est située à proximité d'une cimenterie et d'une usine de briques.

making-of

« Tout ce qui a entouré nos rencontres avec des Voyageurs fut révélateur. En amont ? La méfiance. Nombre de personnes, y compris des responsables associatifs, nous ont déconseillé de nous y rendre seuls. C'est pourtant ce que nous avons fait. Cafés offerts, repas partagés... l'accueil fut partout chaleureux. En aval ? L'invisibilisation. Nos demandes d'interviews aux élus sont restées sans réponse. Un écho à la mise à l'écart géographique. »
Maïa Courtois et Gaspard Njock

À VOIR

Nos poumons, c'est du béton, **par le collectif des femmes d'Hellemmes-Ronchin. Ce documentaire met en lumière le combat des Voyageuses.** Youtube (2016).

À LIRE

Où sont les « gens du voyage » ? Inventaire critique des aires d'accueil, **de William Acker. Un recensement inédit.** Éditions du commun (avril 2021).

La sémantique, c'est élastique

Logiciel. Pour paraître branchés, les politiques usent et abusent du terme. Loin de refléter une passion partagée pour l'informatique, ce poncif trahit plutôt l'existence de bugs répétés dans le renouvellement des idées.

JAMES

Ben le mot, là, le truc informatique auquel je ne comprends rien...
Oui, "logiciel".
Un horripilant tic de langage du monde politique, dont l'abus sert à masquer l'absence de contenu.
Et "le logiciel de la réforme doit écraser le logiciel de l'archaïsme" ?
Ah oui, c'est beau ! Je prends.
Pourtant, à l'origine, le terme logiciel a une vraie utilité, un vrai sens.
Je le savais qu'on allait parler informatique. Pfff...
C'est en effet lié à la création de l'informatique. Ce mot est récent en français.
En anglais, le terme software date de 1953, pour désigner la partie modifiable de l'ordinateur, en opposition à hardware, qui en est la partie solide.
LOGICIEL COMPTA 95
PROG. INSTALLATION DISK 1/25
Il fallait donc traduire ce nouveau concept. "Logiciel" est apparu en 1969, par la jonction de "logique" et de "matériel".
C'est recherché, dites...
Et le terme est validé par l'Académie française en 1972.
Ah tiens, ça va plus vite pour informatiser les termes que pour les féminiser...
Et donc, tous nos politiciens et commentateurs politiques sont super calés en informatique, c'est ça ?
Si seulement...
C'est comme pour tout, ils ne maîtrisent pas le fond mais, pour faire illusion, en adoptent la forme.
"La forme, c'est le fond qui remonte à la surface", disait Hugo.
Ouais... Enfin, ça dépend de la profondeur du fond...

Ça me fait penser à François Mitterrand qui pensait que mieux que "chébran" il fallait se dire "câblé".
Oui, tout ça remonte aux années 1980-1990, où chacun tentait de s'accrocher avec ses maigres moyens au train de l'innovation.
La souris ? Qu'est-ce qu'on appelle la souris ?
Le vocabulaire informatique fait irruption dans le langage politique en même temps que l'ordinateur personnel entre dans les maisons.
Krrrr kschh dong dong dong kriiiiiii...
C'est pas mal ça, c'est disruptif !
La palme de la métaphore numérique revenant à Arnaud Montebourg en 2001.
Il faut passer à d'autres institutions en changeant le disque dur et, accessoirement, le logiciel.
Pas seulement la disquette tous les cinq ans.
Hu hu.
Le parti socialiste a alors été le parfait laboratoire de ce ravalement cosmétique.
Qu'est-ce qu'on pourrait promettre de nouveau pour faire rêver les petites gens ?
Qu'on va revoir notre logiciel politique, Julien !
Le programme politique a disparu. Et, avec lui, les visionnaires et les grandes idées.
La politique devient ainsi affaire de techniciens, de gestionnaires de données.
Et nous pourrons dire à nos enfants que nous leur offrons un monde à 3% de déficit !!
Rien d'étonnant donc de voir apparaître l'ambition de transformer un État-nation en start-up nation.
Et donc, on va encore changer notre logiciel politique ?
PR
Attends, c'est has been ça, so 2000 !
Je propose qu'on change notre "appli mobile politique" !
PR

Mais à user du jargon technologique, le vrai risque est l'obsolescence du discours.
Ouais, la hype du moment est la lose de demain.
Vous voyez que vous maîtrisez quelques concepts informatiques...
C'est risquer le bug, quoi !
"Logiciel", vidé de son sens, finit par ne plus signifier que "façon de penser" et donc à peu près tout et n'importe quoi. Le mot devient un poncif.
Tu n'es pas qu'un corps de rêve...
Je t'aime aussi pour ton logiciel.
Ceux qui l'emploient restent persuadés que le mot logiciel amène avec lui la logique, l'intelligence, la performance.
À nous deux, intellilgence artificielle !
À toi de jouer maintenant, ordinateur !
Et oublient au passage que c'est l'usage d'un logiciel qui peut éventuellement produire quelque chose d'intelligent, pas le logiciel lui-même.
Josiane ! Ça ne fait rien quand je ne fais rien...
C'est normal, ça ?
Il faut voir plus grand, comme l'a dit Edward Snowden.
Ce qu'il faut changer, ce n'est pas une entreprise, un téléphone, un logiciel : c'est le système !
Attendez... c'est encore une métaphore informatique, non ?
Arf... on est maudits, on est coincés dans la matrice...

PHOTO

Instantané

Du bon côté. Le 27 avril 2018, pour la première fois depuis 1953, un dirigeant du Nord franchit la frontière qui sépare les deux Corées. Parmi les images qui immortalisent cet événement historique, une photographie semble refléter le formalisme de cette cérémonie millimétrée. Pourtant, ce cliché ancre dans la postérité une entorse protocolaire d'une poignée de secondes.

FÉRIEL NAOURA   ÉLISA GÉHIN

KOREA SUMMIT PRESS POOL / KOREA SUMMIT PRESS POOL / AFP

LORSQUE LE SUD-CORÉEN MOON JAE-IN ET LE NORD-CORÉEN KIM JONG-UN SE RENCONTRENT, L'ENJEU EST DE TAILLE : METTRE FIN À SOIXANTE-HUIT ANNÉES DE GUERRE ET DÉNUCLÉARISER LA PÉNINSULE.

LE RENDEZ-VOUS A LIEU DANS LA ZONE DÉMILITARISÉE DE PANMUNJOM, VILLAGE TRANSFRONTALIER OÙ FUT SIGNÉ L'ARMISTICE DE 1953.

UN POOL DE JOURNALISTES, PLACÉ CÔTÉ SUD À QUELQUES MÈTRES DERRIÈRE LA LIGNE DE DÉMARCATION, DOIT COUVRIR CETTE RENCONTRE INÉDITE. LES QUELQUES REPORTERS MOBILES VISENT DEUX MOMENTS CLÉS : LA PREMIÈRE POIGNÉE DE MAIN ET LE PASSAGE DE KIM JONG-UN SUR LE SOL SUD-CORÉEN.

À 9 H 30, HEURE SUD-CORÉENNE, KIM JONG-UN S'ÉLANCE VERS MOON JAE-IN. UNE PREMIÈRE SÉRIE DE PHOTOS FIGE LA POIGNÉE DE MAIN TANT ATTENDUE.

PUIS LE PRÉSIDENT SUD-CORÉEN INVITE SON HOMOLOGUE À FRANCHIR LE MURET LARGE DE 56 CM QUI LES SÉPARE. COMMENCE ALORS LE BALLET DES PHOTOGRAPHES. JUSQU'ICI MASSÉS LE LONG D'UN DES BARAQUEMENTS BLEUS QUI ENSERRENT LE POINT DE RENCONTRE, ILS PASSENT DERRIÈRE LES PROTAGONISTES, EN CORÉE DU SUD.

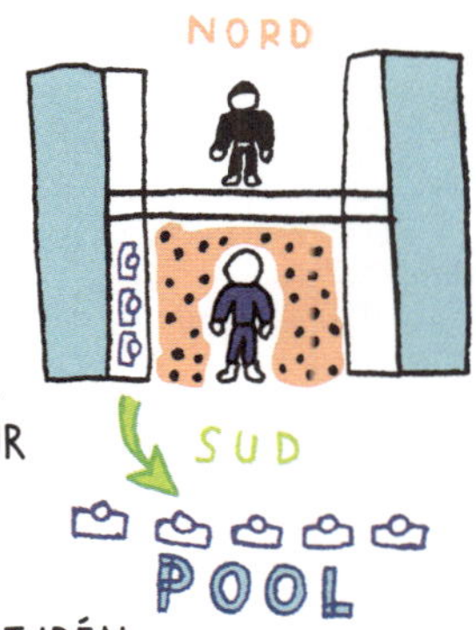

LE NORD-CORÉEN POSE LE PIED SUR LES GRAVIERS DU CÔTÉ SUD, EFFECTUANT UN PAS HISTORIQUE. LES PHOTOGRAPHES RECULENT, AFIN DE DÉGAGER LE PASSAGE POUR LE COUPLE D'OFFICIELS QUI DOIT AVANCER VERS EUX.

KIM JONG-UN PREND ALORS UNE INITIATIVE QUI SURPREND LE PRÉSIDENT SUD-CORÉEN, COMME LES PHOTOGRAPHES : IL SAISIT MOON JAE-IN PAR LA MAIN ET L'INVITE À SON TOUR À PASSER LE MURET.

LA SCÈNE DURE 10 SECONDES, ET LE CADRE EST IDÉAL. CÔTÉ NORD, LE CHAMP EST DÉGAGÉ. CÔTÉ SUD, AUCUN REPORTER NE VIENT BROUILLER L'IMAGE CAR TOUS ONT RECULÉ.

D'UNE SYMÉTRIE QUASI PARFAITE, L'IMAGE EST PROPRE ET AÉRÉE. ON VIT LA RENCONTRE, COMME SI ON Y ASSISTAIT, SEUL AUX PREMIÈRES LOGES.

LES DEUX DIRIGEANTS SONT IMMORTALISÉS D'UN MÊME CÔTÉ DE LA FRONTIÈRE, AU NORD. POURTANT, LORSQUE L'IMAGE SERA UTILISÉE, LA LÉGENDE SERA SOUVENT AMBIGUË, VOIRE ERRONÉE : KIM JONG-UN EST PASSÉ AU SUD POUR LA PREMIÈRE FOIS.

LA mécanique DU fake

L'image fera date. Le 6 janvier 2021, une foule chauffée à blanc par les mensonges de Donald Trump envahit le Capitole. Des réseaux sociaux, Twitter en tête, décident alors de bannir @realDonaldTrump et ses « fake news » de leurs plateformes. Après avoir été traités de laxistes, les voilà censeurs. Cet interventionnisme croissant inquiète les défenseurs de la liberté d'expression. Le patron de Twitter lui-même a qualifié de « dangereux » « le pouvoir qu'une entreprise a sur une partie de la conversation publique mondiale ». Et si la lutte contre les « fake news » se jouait en amont de leur diffusion ? Plongée dans la fabrique des fausses informations.

DAVID SERVENAY **FABRICE ERRE**

Théo_Rick 11:08
Tu veux dire mille fois une personne...
Hannah-Lise 11:08
Enfin bref, pour manipuler beaucoup de gens, il faut de gros moyens. Les États-Unis sont une sorte de laboratoire depuis une douzaine d'années...
Hannah-Lise 11:12
2008 est une année charnière. Trois événements créent un contexte idéal à l'éclosion de ce qu'on n'appelle pas encore les « fake news », les fausses infos.
1
LA CRISE IMMOBILIÈRE DES SUBPRIMES AUX ÉTATS-UNIS, QUI RUINE DES MILLIERS DE FAMILLES.
2
L'ESSOR DU RÉSEAU SOCIAL TWITTER DANS LA SILICON VALLEY PAR QUATRE START-UPPERS QUI ADAPTENT À INTERNET LE FORMAT MESSAGERIE DES TÉLÉPHONES BLACKBERRY.
140 CARACTÈRES.
3
LA NOMINATION DU GÉNÉRAL AMÉRICAIN DAVID PETRAEUS COMME COMMANDANT EN CHEF DES OPÉRATIONS EN IRAK PUIS EN AFGHANISTAN.
PETRAEUS
US
Théo_Rick 11:13
Euh... Je ne vois pas bien le rapport entre eux...
Hannah-Lise 11:15
Un peu de patience...

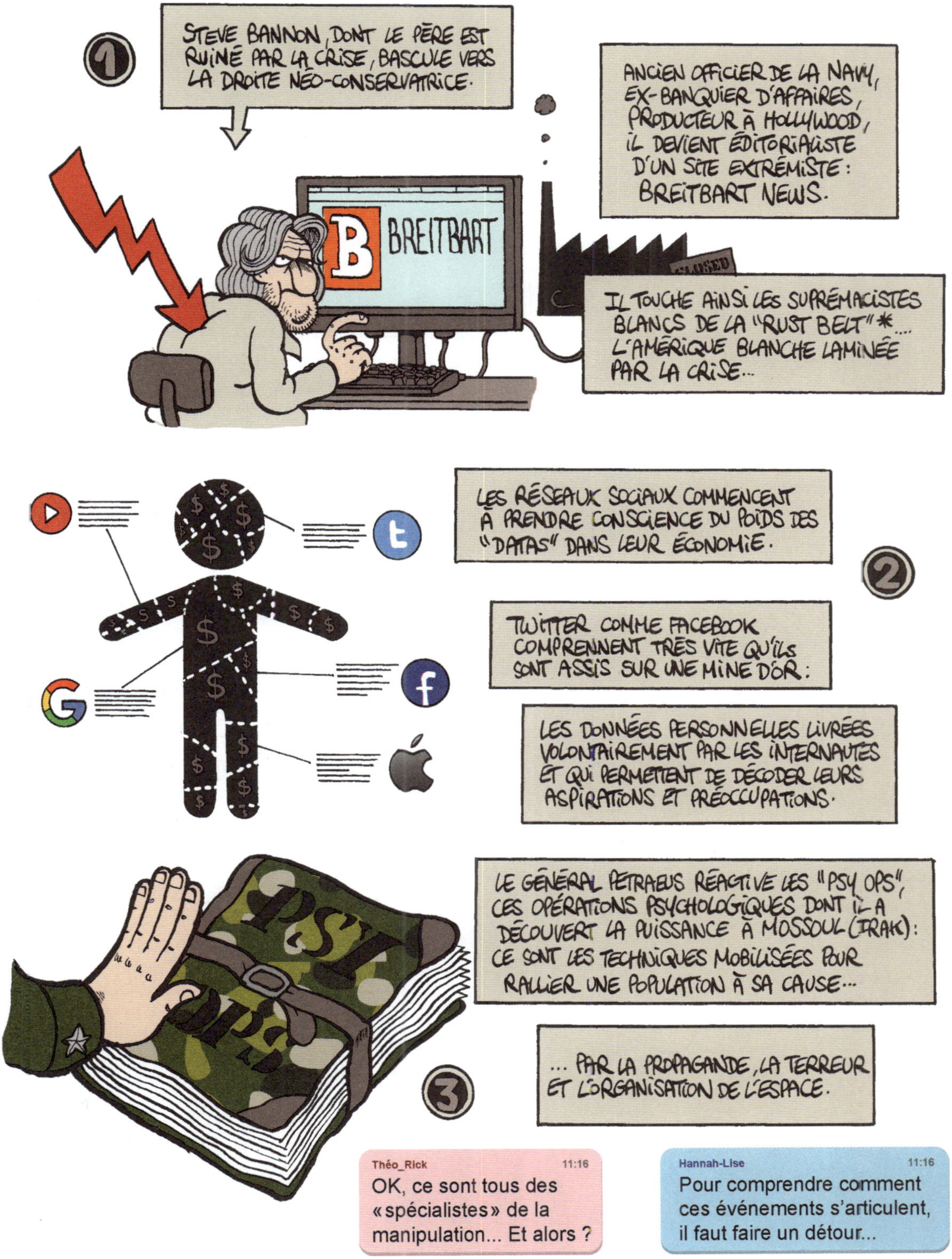

* La « ceinture de la rouille », zone frappée par la crise de la sidérurgie dans le Mid-Ouest américain.

* La population est l'objectif, les élections sont le champ de bataille.

* « Fais comme ça ! »

Hannah-Lise 11:38
La méthode SCL se fonde sur la Target Audience Analysis (TAA), l'analyse du public cible.
Hannah-Lise 11:40
Un ex-formateur de SCL, Steve Tatham, ancien officier « psy ops » de la Navy, la présentait ainsi :
LE PRINCIPE DE LA TAA EST LA CAPACITÉ DE DIAGNOSTIQUER EMPIRIQUEMENT LES CATÉGORIES EXACTES QUI EXISTENT AU SEIN DES POPULATIONS CIBLES...
LA TAA CONSTRUIT UNE COMPRÉHENSION DÉTAILLÉE DU COMPORTEMENT, DES VALEURS, DES ATTITUDES, DES CROYANCES ET DES NORMES ACTUELLES.
ET ELLE EXAMINE TOUT : SI UN GROUPE SE SENT EN CONTRÔLE DE SON DESTIN, QUI IL RESPECTE OU ENCORE QUELLES STATIONS DE RADIO IL ÉCOUTE...
LA TAA PEUT ÊTRE ENTREPRISE SECRÈTEMENT. LES GROUPES (...) NE SONT PAS NÉCESSAIREMENT CONSCIENTS QU'ILS SONT LES SUJETS DE RECHERCHE.
Hannah-Lise 11:45
Steve Tatham a mis en pratique ces méthodes en 2016, au profit de l'OTAN, dans le conflit opposant la Russie et l'Ukraine.
Hannah-Lise 11:45
En Afghanistan, l'armée américaine a utilisé la TAA pour rallier à sa cause les leaders d'opinion.
Hannah-Lise 11:48
Les experts de SCL vont adapter ces méthodes militaires à la politique civile...
QUELLE IDÉE...
ON S'EN EST TOUJOURS DÉFENDUS...
SCL

Théo_Rick 11:51
Comment on fait pour « analyser un public »?
Hannah-Lise 11:51
Un processus à trois échelles a été mis au point :
1-LE MICRO-CIBLAGE COMPORTEMENTAL : RÉVÉLER LES LEVIERS PSYCHOLOGIQUES DES COMPORTEMENTS.
2. LE CIBLAGE TRADITIONNEL : SEGMENTER LES ÉLECTEURS SELON DES CRITÈRES DÉMOGRAPHIQUES.
3. LES SONDAGES DÉMOGRAPHIQUES : DÉTAILLER LES OPINIONS DE LARGES GROUPES.
Hannah-Lise 11:52
L'idée clé : pour modifier le résultat d'une élection, il faut cibler le public des « influençables », ces électeurs indécis qui font basculer un scrutin et qui ont été « profilés » psychologiquement par la TAA.
NON
NON
NON
OUI!
Hannah-Lise 11:52
Des clips publicitaires (parfois mensongers) sont spécialement élaborés.
QUOI?!
BARACK OBAMA N'EST PAS NÉ EN AMÉRIQUE?!
Hannah-Lise 11:52
Convaincre par une information fausse mais qui vous touche parce qu'elle est clivante : c'est ça la nouveauté de l'approche de SCL.
NON
NON
OUI!
Hannah-Lise 11:53
Aux États-Unis, cette méthode va être appliquée à grande échelle par les partisans de Donald Trump lors de l'élection de 2016.

Hannah-Lise 11:55
Un des premiers à avoir identifié un fort courant anti-élites débordant à la fois la droite et la gauche est le sondeur Patrick Caddell.
Théo_Rick 12:02
Des « influençables »?
Hannah-Lise 12:02
Exactement.
Hannah-Lise 12:02
Caddell est un populiste : il est convaincu que les élections se gagnent en misant sur la dynamique du « peuple américain » contre le pouvoir corrompu de Washington.
Hannah-Lise 12:03
Pour cela, il faut attirer les « électeurs aliénés ».
Théo_Rick 12:04
Les électeurs « fous » tu veux dire ?
Hannah-Lise 12:04
Non ! (Encore que...)
Hannah-Lise 12:04
Voici comment le « Washington Monthly » résume la théorie de Caddell sur ces électeurs :
CE GROUPE TOUJOURS CROISSANT D'ÉLECTEURS, POUR LA PLUPART PLUS JEUNES, QUI NE SONT PAS FACILEMENT IDENTIFIÉS COMME LIBÉRAUX OU CONSERVATEURS...
ET QUI NE FONT PAS CONFIANCE AU GOUVERNEMENT, AUX POLITICIENS OU AUX PARTIS.
D'APRÈS CETTE THÉORIE, VOUS NE POUVEZ PAS ATTIRER CES ÉLECTEURS AVEC DES PROGRAMMES ET DES PRISES DE POSITION.
AU CONTRAIRE, VOUS DEVEZ RESTER AUSSI PEU ENGAGÉ QU'EUX.
VOUS LES ATTIREZ EN ATTAQUANT CE QUI A CAUSÉ LEUR ALIÉNATION : L'ESTABLISHMENT.
Hannah-Lise 12:05
L'important, ce n'est pas la raison, mais l'émotion.

1 : OPENSECRETS.ORG

* Dix millions de dollars selon « Newsweek ».

Hannah-Lise 12:13
Mercer finance la création en 2013 d'une filiale de SCL aux États-Unis: Cambridge Analytica. Bannon en est vice-président.
Hannah-Lise 12:14
Leur objectif : conquérir la droite républicaine par son aile extrémiste.
Cambridge Analytica
Hannah-Lise 12:14
En 2014, la société s'implique dans 44 élections locales aux États-Unis.
Hannah-Lise 12:16
Pour roder sa méthode, elle fait appel à un consultant, Aleksandr Kogan, un expert en psychologie comportementale.
Hannah-Lise 12:20
Il travaille au laboratoire de psychologie appliquée de l'université de Cambridge (Royaume-Uni) qui a mis au point un modèle permettant de connaître l'orientation politique des internautes.
Théo_Rick 12:24
À partir des sites qu'ils consultent ? De leurs commentaires en ligne ?
Hannah-Lise 12:25
Non, avec leurs « likes » sur Facebook.
Hannah-Lise 12:25
Cambridge Analytica propose aux chercheurs du labo de travailler ensemble, mais ces derniers refusent.
Hannah-Lise 12:25
Tous, sauf Aleksandr Kogan.

* « Ceci est votre vie numérique. »

Hannah-Lise 12:42
C'est à un ancien basketteur que Donald Trump doit en grande partie sa victoire de 2016.
Hannah-Lise 12:42
Bradley James Parscale, s'est reconverti dans le développement de sites web et dans la com.
Hannah-Lise 12:42
En 2011, il crée des sites pour la Trump Organization.
Hannah-Lise 12:43
Quand le milliardaire décide d'entrer en politique en 2015, il fait appel à Brad Parscale comme directeur de sa campagne numérique.
TRUMP TOWER
J'AI COMPRIS TRÈS TÔT QUE FACEBOOK FERAIT GAGNER DONALD TRUMP.
Hannah-Lise 12:44
Le staff de campagne de Trump lance en 2015 le projet Alamo. Cette cellule basée à Washington DC regroupe des cadres de plusieurs sociétés spécialisées dans les technologies numériques.
PROJECT ALAMO
Hannah-Lise 12:44
Cambridge Analytica y joue le premier rôle, sous la direction de Brad Parscale, qui est également chargé des relations avec les médias radio et télévision.
FOX NEWS

1. DOCUMENTAIRE « THE GREAT HACK », 2019.

* « Arrêtons l'immigration illégale. » ** « Vainquons Hillary la tordue. » *** « C'est du terrorisme islamiste radical. »

Hannah-Lise 13:07
En novembre 2016, Donald Trump gagne l'élection contre tous les pronostics !
Théo_Rick 13:07
Que s'est-il passé ? Les sondeurs se sont « trumpés » ?
Hannah-Lise 13:08
Ha, ha, ha... très drôle. Écoute plutôt la voix de la raison, elle s'appelle Camille François.
Google
Silicon Valley
Graphika
Hannah-Lise 13:08
Cette chercheuse française est une référence en matière de campagnes de désinformation.
Hannah-Lise 13:10
Ancienne de Google, responsable de l'innovation de Graphika, start-up spécialisée dans le décryptage des « fake news », elle a travaillé pour la commission du renseignement du Sénat américain pour comprendre les dessous de la campagne électorale.
WASHINGTON ET LA SILICON VALLEY ONT ÉTÉ PRIS DE COURT CAR LES GAFA N'ONT PAS DE RÈGLES CONTRE CE TYPE D'ACTIVITÉS DE DÉSINFORMATION.
ET PAS D'ÉQUIPE DE CYBERSÉCURITÉ POUR DÉTECTER CE TYPE DE CAMPAGNE.
D'OÙ L'INTERROGATION : QUI DOIT S'EN OCCUPER ? ET SELON QUELLES RÈGLES ?
LE TOURNANT ARRIVE EN 2017 QUAND TROIS EMPLOYÉS DE FACEBOOK PUBLIENT UN PETIT RAPPORT, "INFORMATION OPERATIONS AND FACEBOOK"...
C'EST LA PREMIÈRE RECONNAISSANCE PUBLIQUE DU FAIT QUE LES ÉTATS FONT DE GROSSES CAMPAGNES DE DÉSINFORMATION SUR LES RÉSEAUX SOCIAUX.

1 : « LA VALEUR DE LA SCIENCE DE LA PRÉDICTION », « VOENNO-PROMYSHLENNYJ KUR'ER » (LE COURRIER MILITARO-INDUSTRIEL), 27 FÉVRIER-5 MARS 2013, TRADUIT PAR CÉLINE MARRANGÉ.

* En russe : Agentstvo internet-issledovanij.

* « Washington Post » du 17 février 2018.
** Search engine optimization.

* Abréviation du slogan de campagne de Donal Trump « Make America great again » : Rendre sa grandeur à l'Amérique.

Hannah-Lise 14:01
Si les Russes ont été pionniers en la matière, ils ne sont plus seuls dans la « guerre de l'information ».
Hannah-Lise 14:02
Toutes les grandes puissances se doivent d'avoir leurs propres « ressources cybers ».
Hannah-Lise 14:03
Ainsi, après la présidentielle de 2016, l'armée américaine est passée à l'attaque contre... les Russes !
Hannah-Lise 14:03
L'affaire s'est nouée au moment des élections de mi-mandat en 2018.
Hannah-Lise 14:03
Le 6 novembre 2018, le Cyber Command du Pentagone lance une vaste attaque virale contre l'Internet Research Agency de Saint-Pétersbourg.
Hannah-Lise 14:04
Washington redoute que l'IRA puisse influer sur le déroulement du scrutin.
IRA
Hannah-Lise 14:04
L'armée américaine « débranche » alors les accès à Internet de la ferme à trolls pendant deux jours !
LE PENTAGONE A FAIT FUITER L'INFORMATION QUELQUES MOIS PLUS TARD DANS UNE ENQUÊTE DU "WASHINGTON POST".
LE MESSAGE – "ON SAIT CE QUE VOUS FAITES" – VISAIT À DISSUADER LES RUSSES DE RECOMMENCER.

1 : NOTE D'ANALYSE TWITTER

* Sollicitées, ni l'ANSSI ni la DGSE n'ont souhaité nous répondre.

* Courant d'extrême droite. ** Propos tenus par Marine Le Pen lors du débat d'entre-deux tours, ironisant sur les critiques de son adversaire.

* Propos tenus lors d'un briefing à la Maison-Blanche.

* Ces propos sont extraits d'un tweet du compte @littlemel, partagé par Donald Trump à ses abonnés. Il n'en est pas l'auteur

Théo_Rick 15:01
Et les « fake news », c'est contagieux ?
Hannah-Lise 15:01
Depuis le début de la crise sanitaire, les politiques sont de plus en plus nombreux à en avoir adopté le « régime ».
Hannah-Lise 15:02
L'exemple le plus spectaculaire est sans doute celui de Jair Bolsonaro, le président brésilien.
Hannah-Lise 15:03
Après avoir nié la dangerosité du virus, puis l'efficacité du port du masque, il a annoncé avoir contracté le virus et suivre un traitement à base d'hydroxychloroquine.
Hannah-Lise 15:03
Comme Trump, son modèle.
Hannah-Lise 15:04
Résultat : le Brésil pointe dès l'été 2020 en seconde position – derrière les États-Unis – pour le nombre de morts et de contaminés au Covid-19.
NOUVEAUX CAS CONFIRMÉS
MARS 2020
MAI
JUILLET
Hannah-Lise 15:05
En France, la crise sanitaire fait apparaître de nombreux messages tout aussi irrationnels.
Hannah-Lise 15:06
Au printemps 2020, pendant le confinement, le Premier ministre, Édouard Philippe, pouvait tranquillement affirmer :
LE PORT DU MASQUE...
ÇA NE SERT À RIEN.

* Google, Amazon, Facebook, Apple et Microsoft.

Hannah-Lise 15:42
Cette chaotique année 2020 nous aura montré que la réponse n'est pas univoque.
Hannah-Lise 15:43
Les médias ont compris depuis longtemps qu'ils ont un rôle primordial à jouer : celui de Tarzan du Web.
Hannah-Lise 15:43
Dans la jungle quotidienne de l'information sur Internet, les médias de qualité doivent prouver tous les jours qu'ils sont (encore) les régulateurs du jeu de l'information.
Hannah-Lise 15:45
C'est un enjeu politique ET financier.
Hannah-Lise 15:48
Jusqu'à maintenant, les Gafam étaient très réticents à modérer leur contenu.
Hannah-Lise 15:49
À la fois parce que la régulation nécessite de gros moyens, mais aussi par idéologie...

Hannah-Lise 15:59
Depuis les débuts d'Internet, dans les années 1970, les grands acteurs du système sont des libertariens.
Hannah-Lise 16:00
Ils sont convaincus que le Web est un espace de liberté et de neutralité absolues, que personne ne doit entraver : ni l'État, ni la société, ni aucune force économique.
Hannah-Lise 16:01
Mais aujourd'hui, plusieurs lignes de fracture apparaissent.
Hannah-Lise 16:01
D'abord, entre États, tout le monde n'est pas d'accord.
Hannah-Lise 16:02
D'un côté, les pays « interventionnistes » filtrent le contenu du Web directement.
Hannah-Lise 16:03
La Chine et la Russie ont même développé leurs propres réseaux sociaux, pour ne pas dépendre des géants américains.
WeChat
VK
VKONTAKTE
Hannah-Lise 16:05
En Europe, deux cultures du numérique se font face : la libérale anglo-saxonne contre la régulatrice interventionniste, propre aux Latins.
Hannah-Lise 16:06
Le gouvernement français, adepte de la régulation, a voulu imposer une loi sur les « fake news ». Mais la presse y a vu un risque de filtrage des informations...

Hannah-Lise 16:10
Du côté des réseaux sociaux, les grands acteurs de la Silicon Valley ont longtemps cru qu'ils pourraient camper sur leurs « positions libertariennes ».
FAKE NEWS
Hannah-Lise 16:10
Autrement dit : surtout, ne pas intervenir !
Hannah-Lise 16:11
La loi américaine est du côté des Gafam.
Hannah-Lise 16:11
Depuis 1996, ils sont protégés...
COMMUNICATIONS DECENCY ACT
SECTION 230
AUCUN FOURNISSEUR OU UTILISATEUR D'UN SERVICE INFORMATIQUE INTERACTIF NE DOIT ÊTRE TRAITÉ COMME L'ÉDITEUR OU L'AUTEUR D'UNE INFORMATION PROVENANT D'UN AUTRE FOURNISSEUR DE CONTENU INFORMATIQUE.
Hannah-Lise 16:11
eBay pouvait laisser ses clients vendre aux enchères des objets de soldats du IIIe Reich.
Hannah-Lise 16:12
Au nom de la liberté d'expression.
ebay
Hannah-Lise 16:12
Pour les mêmes raisons, Facebook ou Twitter estimaient n'avoir pas à intervenir dans le contenu des messages échangés sur leurs plateformes.
Hannah-Lise 16:12
En dehors des appels au meurtre ou de propos tombant sous le coup de la loi. Et encore...
Hannah-Lise 16:12
Tout a changé avec le Covid, les émeutes contre les discriminations raciales et... la Bourse.

Hannah-Lise 16:21
Les réseaux sociaux se sont retrouvés face à leurs responsabilités, avec une injonction : ne pas mettre les internautes en danger !
Hannah-Lise 16:21
Une fois de plus, c'est un tweet de Donald Trump (en mai 2020) qui fait sortir du bois les acteurs du Web.
SI DES ÉMEUTES COMMENCENT, ON COMMENCERA À TIRER.
BLACK LIVES MATTER
Hannah-Lise 16:22
Pour la première fois, Twitter décide de masquer ce message (sans le supprimer) avec ce commentaire :
CE TWEET A ENFREINT LES RÈGLES DE TWITTER RELATIVES À LA GLORIFICATION DE LA VIOLENCE.
Hannah-Lise 16:23
Facebook ne fait rien, au contraire...
NOUS AVONS UNE POLITIQUE DIFFÉRENTE.
J'AI SIMPLEMENT LA CONVICTION QUE FACEBOOK NE DEVRAIT PAS ÊTRE L'ARBITRE DE LA VÉRITÉ DE CE QUE LES GENS DISENT SUR INTERNET.
MARK ZUCKERBERG, COFONDATEUR ET PDG.
Hannah-Lise 16:23
Finalement, c'est la pression des gros annonceurs publicitaires (Ford, Coca-Cola, Unilever...) décrétant une « pause » dans leurs investissements et la baisse du cours de Bourse de l'action Facebook qui vont avoir raison de l'obstination de son dirigeant.
Théo_Rick 16:25
Le coup du porte-monnaie...

Hannah-Lise 16:30
Jair Bolsonaro, le président brésilien, va « inaugurer » la nouvelle politique de Facebook.
Hannah-Lise 16:30
Au début de l'été 2020, le réseau décide de supprimer 35 comptes sur Facebook...
Hannah-Lise 16:30
... et 38 sur Instagram, suivis par plus de 917 000 personnes.
Hannah-Lise 16:32
Raison invoquée ? Un réseau d'action « inauthentique coordonnée » et une opération de « désinformation ».
Hannah-Lise 16:32
Tous ces comptes étaient liés au Parti social-libéral du président d'extrême droite.
CHACUN DOIT PRENDRE SA PART.
IL Y A UNE PARTIE QUI EST DE L'ORDRE DE LA CYBERSÉCURITÉ. C'EST LE BOULOT DES PLATEFORMES MAIS ON A AUSSI BESOIN D'UNE PAROLE GOUVERNEMENTALE.
PLATEFORMES
ÉTATS
MÉDIAS
L'ENJEU, CE N'EST PAS TANT UNE QUESTION DE VÉRITÉ, MAIS DE RÉGULATION ET DE PROTECTION DES MÉDIAS.
C'EST AUSSI UNE QUESTION D'ÉQUILIBRE DÉMOCRATIQUE À TRAVERS L'INTÉGRITÉ DU PROCESSUS ÉLECTORAL. ET LÀ, LES MÉDIAS DOIVENT FAIRE LEUR TRAVAIL.

Hannah-Lise 17:02
Mais la bataille ne se joue pas seulement sur les réseaux sociaux.
Hannah-Lise 17:02
Car les propagateurs de « fake news » prennent déjà d'autres chemins.
VOIE ALTERNATIVE
Hannah-Lise 17:03
Le documentaire « Hold-up », financé par des cagnottes en ligne (Ulule et Tipee) et diffusé sur plusieurs plateformes (Vimeo et YouTube) a été vu par plus de deux millions et demi d'internautes.
HOLD-UP
Hannah-Lise 17:04
Son contenu est clairement complotiste...
LE CONFINEMENT N'A SERVI À RIEN.
IL EXISTE DES TESTS COVID DEPUIS 2015.
LE VIRUS A ÉTÉ CRÉÉ PAR L'INSTITUT PASTEUR.
Hannah-Lise 17:20
Sans parler des réseaux alternatifs (Rumble, MeWe, Newsmax et, avant sa suspension, Parler) que les médias s'efforcent de « fact-checker ».
Rumble
MeWe
PARLER
Newsmax
CheckNews
LES DÉCODEURS
Hannah-Lise 17:20
Et pendant ce temps-là, à Washington...
I WON*
A TIME TO HEAL
TIME
IT'S JOE
JOE BIDEN ÉLU
BIDEN
The New York Times
BIDEN BEATS TRUMP
DAILY NEWS
JOEBILATION
IT'S JOE TIME
* J'AI GAGNÉ.

« Le complotisme répond à une demande de transparence »

© MICHAEL NIGRO/SIPA USA/SIPA

Devant le Capitole, certains manifestants pro-Trump, hostiles aux médias, ont détruit le matériel des journalistes.

Marie Peltier est historienne à Bruxelles. Elle s'est d'abord intéressée aux récits de guerre et à la propagande autour du conflit syrien. Puis elle s'est tournée vers les récits complotistes. Elle a écrit *L'Ère du complotisme, la maladie d'une société fracturée*, Éd. Les Petits matins, (2016).

Dans l'ère de la « post-vérité » qui se déploie depuis vingt ans, la frontière entre le vrai et le faux s'estompe et fait disparaître les repères traditionnels de la démocratie. L'historienne Marie Peltier en est persuadée : le complotisme, hier cantonné aux minorités politiques, s'est répandu dans toute la société. Quelle est la part de responsabilité des acteurs politiques dans ce phénomène ? R

Depuis 2016, peut-on dire qu'il y a un parallèle entre la propagation accrue des « fake news » et la résurgence du complotisme ?

Oui, le terme de « fake news » a été mis au goût du jour par Trump qui, durant sa campagne de 2016, a dit : *« You are fake news ! »* Il a polarisé son discours autour du mensonge et de la vérité, dévoyant ainsi la logique du débat. En disant à l'autre « tu mens », cela décrédibilise sa parole. Nous avons là le carburant du conspirationnisme.

Pourquoi faites-vous remonter le complotisme contemporain au 11 septembre 2001 ?

Le 11 septembre 2001 est le mythe fondateur des conspirationnistes. C'est un événement traumatique, auquel les politiques ont donné un sens civilisationnel très fort :

le chantage du « avec nous ou contre nous », la civilisation contre la barbarie. À ce moment-là, certains acteurs politiques ont proposé un contre-récit, alternatif, qui est en fait un discours conspirationniste « classique » reposant beaucoup sur l'antisémitisme. Ce contre-récit discrédite toute parole d'autorité (politique, médiatique, scientifique). On a un imaginaire de la défiance qui explique aussi pourquoi le complotisme est devenu omniprésent dans le débat public.

Que faire ? Rester neutre ou passer à l'attaque ?

Je ne crois pas à la neutralité... Personne n'est neutre. Le conspirationnisme répond à une demande de transparence et d'éthique. Donc, il faut repolitiser ces questions. Il faut défendre une vision du monde. Les grandes idéologies se sont effondrées, le religieux aussi. Ils sont discrédités. Pour les remplacer, il n'y a pas encore une vision d'ensemble du progressisme au XXIe siècle. La grande plus-value du conspirationnisme, c'est qu'il apporte une vision, un récit avec des héros, des ennemis. En face, il n'y a pas de récit mobilisateur.

EN FACE, IL N'Y A PAS D'IDÉOLOGIE OU DE RÉCIT MOBILISATEUR

Quelle attitude adoptez-vous face à cela ?

Je crois qu'il ne faut pas mépriser les conspirationnistes, ni les prendre pour des imbéciles mais pour des militants politiques. D'emblée, je dis que je combats leur vision et j'essaie de les interroger sur le « pourquoi » de leur croyance. D'où viennent leur colère et leur déception ? On arrive alors à des questions plus fondamentales, aux parcours de vie. Cela permet de réinstaurer un lien.

Vous êtes régulièrement harcelée sur les réseaux sociaux. N'avez-vous pas eu déjà le sentiment d'être victime d'un complot ?

Si, bien sûr. Le conspirationnisme peut toujours nous toucher, comme une sorte de paranoïa politique. En travaillant sur la Syrie, j'ai été beaucoup attaquée, je me suis posé des questions. Il faut être vigilant à ne pas basculer soi-même dans une posture de victime d'un grand complot mondial !

© SPENCER PLATT/GETTY IMAGES/AFP

Les attentats du 11 septembre 2001 ont fait l'objet de nombreuses thèses conspirationnistes.

MAKING-OF

« S'interroger sur le phénomène de la désinformation est une remise en question abyssale pour les journalistes, car cela remet en cause notre légitimité et nos pratiques professionnelles. Est-ce propre à notre époque ? En lien avec la révolution Internet ? Et a-t-on les moyens d'en sortir ? Jamais une enquête n'aura été aussi chahutée par l'actualité, chaque semaine apportant son lot de « fake news », jusqu'au dénouement de l'élection américaine de novembre 2020. » David Servenay

À VOIR

The Great Hack, **de Karim Amer et Jehane Noujaim. Un documentaire qui décortique en détail l'affaire Cambridge Analytica.** Netflix (2019).

À LIRE

Désinformation, **d'Emmanuel Ostian. Une enquête sur la guerre contre les « fake news » qui balaie les idées reçues, de Trump aux Gilets jaunes.** Éd. Plon (2019).

La Revue des cinés

La Prisonnière du désert de John Ford. Inspiré d'une histoire vraie, celle d'une petite fille kidnappée au Texas, le « plus grand western de tous les temps » selon l'American Film Institute annoncerait-il la disgrâce des cow-boys ?

CÉCILE GUILLARD

Le western est le vecteur du grand fantasme de la conquête de l'Ouest américain.
John Ford est le parrain légendaire de ce genre.
Sa filmographie a participé à créer ce sentiment épique et glorieux d'une nation purifiant un territoire alors habité par des « sauvages ».
Il amorce néanmoins un virage plus crépusculaire et mélancolique en tournant « La Prisonnière du désert ».
Ethan, le héros, n'est plus le cow-boy archétypal des premiers temps du western. Ancien sudiste, désenchanté par la vie, il ne suivra pas l'évolution des mentalités du Nouveau Monde.
C'est donc aux côtés d'un homme vieillissant, à jamais solitaire et symbole d'une gloire passée, que le spectateur arpente les dernières terres sauvages de l'Ouest.

La quête d'identité d'Ethan s'illustre parfaitement par le jeu de construction symétrique entre deux scènes, l'une au début du film, et l'autre à la fin. Elles encadrent sa recherche de la fameuse « prisonnière du désert », sa jeune nièce Debbie, capturée par les Indiens lors d'un raid.
John Ford joue avec la composition et le contraste violent de la lumière de l'Ouest, qui permet un clair-obscur très révélateur de l'intériorité de son personnage.
C'est littéralement l'obscurité, le noir de l'image, qui encercle Ethan : il est lui-même prisonnier, tiraillé entre ses aspirations, ses regrets et ses renoncements.
Depuis l'intérieur de la maison de sa belle-sœur, Martha, le spectateur assiste à l'arrivée lente d'Ethan, impatient, tout comme elle qui semble l'attendre.
Depuis toujours ?

La main délicate posée sur son manteau trahit une certaine intimité.
Pourtant, la relation est impossible. La maison sur le perron de laquelle ils se tiennent ne sera jamais le foyer d'Ethan.
L'obscurité de l'intérieur est rassurante, protectrice car indéfinie. Le noir rend invisible, tout y devient possible.
Même les désirs interdits semblent y être permis…
C'est ce que veut croire Ethan, fixant cette femme et cet intérieur…
… qui finalement resteront à jamais inaccessibles : le mari sort de l'ombre, condamnant tout espoir.

À la fin du film, John Ford joue de nouveau avec ce cadrage.
Ramenant Debbie, la jeune prisonnière, à sa famille d'accueil, Ethan s'interdit d'entrer dans cette autre maison.
Lieu sacré, refuge convoité : cette fois, personne ne l'attend sur le perron.
La réussite du sauvetage ne lui apportera en définitive ni gloire ni reconnaissance : il acceptera l'exil et l'anonymat, disparaissant tel un vieux souvenir.
Le tragique de la scène saute aux yeux. Le noir encercle largement sa silhouette, l'excluant de cette autre vie possible, à l'intérieur.
Il nous regarde, nous, spectateurs qui sommes de l'autre côté : celui du rêve, de l'ailleurs tant désiré.

La main délicate posée sur son manteau trahit une certaine intimité.
Pourtant, la relation est impossible. La maison sur le perron de laquelle ils se tiennent ne sera jamais le foyer d'Ethan.
L'obscurité de l'intérieur est rassurante, protectrice car indéfinie. Le noir rend invisible, tout y devient possible.
Même les désirs interdits semblent y être permis...
C'est ce que veut croire Ethan, fixant cette femme et cet intérieur...
... qui finalement resteront à jamais inaccessibles : le mari sort de l'ombre, condamnant tout espoir.

À la fin du film, John Ford joue de nouveau avec ce cadrage.

Ramenant Debbie, la jeune prisonnière, à sa famille d'accueil, Ethan s'interdit d'entrer dans cette autre maison.

Lieu sacré, refuge convoité : cette fois, personne ne l'attend sur le perron.

La réussite du sauvetage ne lui apportera en définitive ni gloire ni reconnaissance : il acceptera l'exil et l'anonymat, disparaissant tel un vieux souvenir.

Le tragique de la scène saute aux yeux. Le noir encercle largement sa silhouette, l'excluant de cette autre vie possible, à l'intérieur.

Il nous regarde, nous, spectateurs qui sommes de l'autre côté : celui du rêve, de l'ailleurs tant désiré.

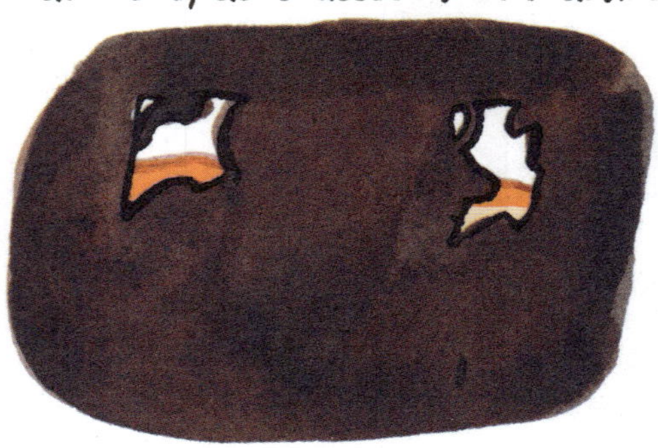

Par cette formidable mise en abyme, le renoncement auquel se résigne Ethan est d'autant plus poignant.

Il fait volte-face, tournant le dos à l'avenir, et s'éloigne lentement, comme il est apparu.

Avec lui s'effacent les grandes épopées du Far West. Reste le rêve, celui d'un paradis perdu, cette légende, écrite pour dissimuler les massacres et le génocide qui ont signé la naissance des États-Unis.

Combien de temps encore ce doux rêve l'emportera-t-il sur la brutale réalité ?

GRANDS FLICS

LA BONNE PLANQUE

Un ancien chef du Raid qui conseille le groupe Bolloré, un ancien patron de la police nationale qui devient directeur de la protection chez Renault… Ç'aurait pu être chez Thales, Total ou au Crédit agricole : de nombreux groupes du CAC 40 s'offrent les conseils d'anciens agents de l'État. Et pas n'importe lesquels, ceux qu'on appelle les grands flics : commissaires, gradés de la police judiciaire ou des services de renseignement. Forts de leurs états de service dans le public, ces derniers se mettent à la solde du privé. Tricoche, pantouflage ou simple copinage : le mélange des genres n'est pas toujours illégal mais ces liaisons peuvent s'avérer dangereuses pour l'intérêt général.

MATHIEU MARTINIÈRE ET ROBERT SCHMIDT **FABIEN ROCHÉ**

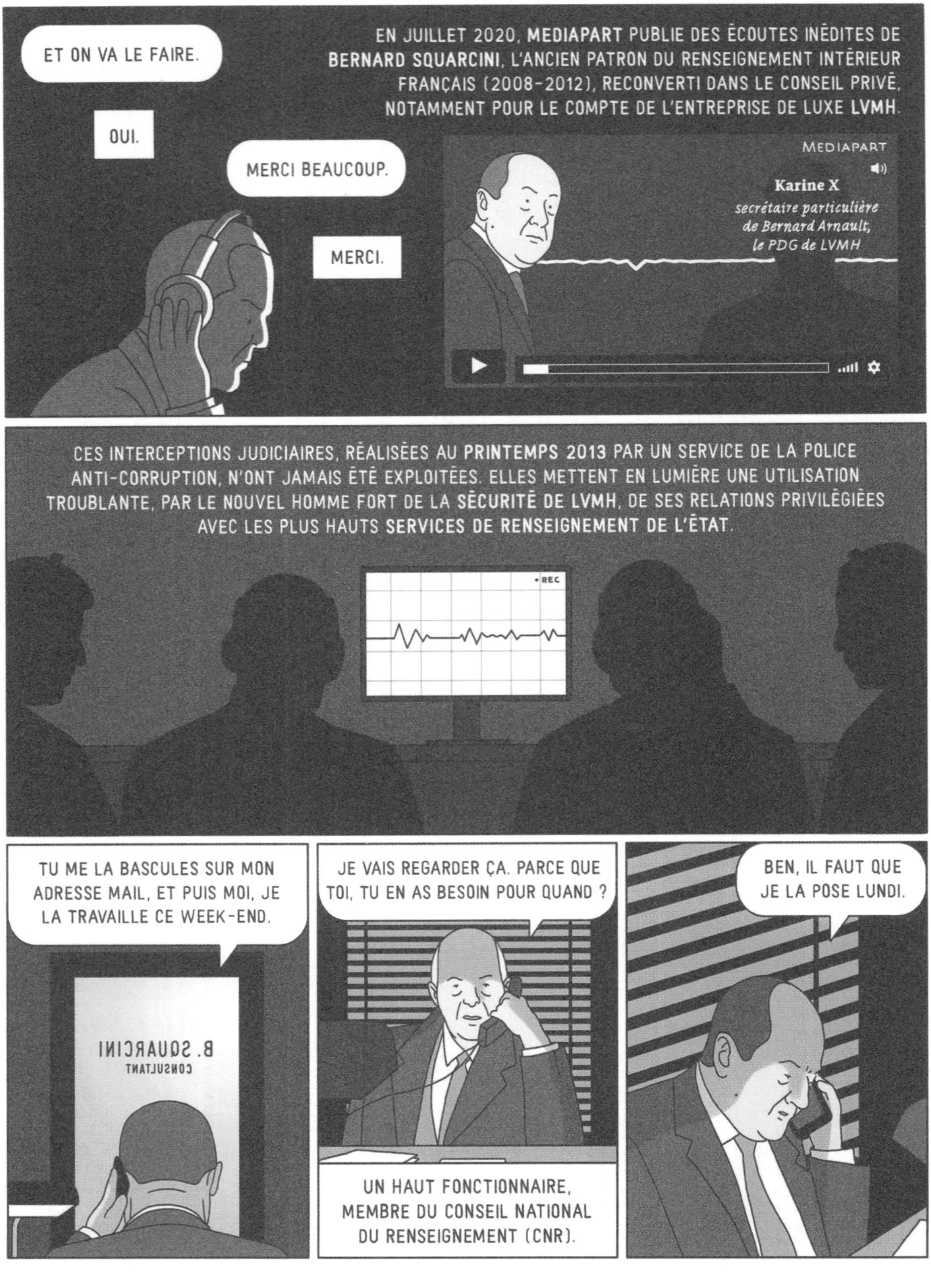
ET ON VA LE FAIRE.
EN JUILLET 2020, MEDIAPART PUBLIE DES ÉCOUTES INÉDITES DE BERNARD SQUARCINI, L'ANCIEN PATRON DU RENSEIGNEMENT INTÉRIEUR FRANÇAIS (2008-2012), RECONVERTI DANS LE CONSEIL PRIVÉ, NOTAMMENT POUR LE COMPTE DE L'ENTREPRISE DE LUXE LVMH.
OUI.
MERCI BEAUCOUP.
MERCI.
MEDIAPART
Karine X
secrétaire particulière
de Bernard Arnault,
le PDG de LVMH
CES INTERCEPTIONS JUDICIAIRES, RÉALISÉES AU PRINTEMPS 2013 PAR UN SERVICE DE LA POLICE ANTI-CORRUPTION, N'ONT JAMAIS ÉTÉ EXPLOITÉES. ELLES METTENT EN LUMIÈRE UNE UTILISATION TROUBLANTE, PAR LE NOUVEL HOMME FORT DE LA SÉCURITÉ DE LVMH, DE SES RELATIONS PRIVILÉGIÉES AVEC LES PLUS HAUTS SERVICES DE RENSEIGNEMENT DE L'ÉTAT.
• REC
TU ME LA BASCULES SUR MON ADRESSE MAIL, ET PUIS MOI, JE LA TRAVAILLE CE WEEK-END.
B. SQUARCINI
CONSULTANT
JE VAIS REGARDER ÇA. PARCE QUE TOI, TU EN AS BESOIN POUR QUAND ?
UN HAUT FONCTIONNAIRE, MEMBRE DU CONSEIL NATIONAL DU RENSEIGNEMENT (CNR).
BEN, IL FAUT QUE JE LA POSE LUNDI.

POUR LE COMPTE DE **LVMH** ET DE SON PATRON **BERNARD ARNAULT**, **BERNARD SQUARCINI** A DEMANDÉ UNE NOTE SUR "L'ULTRA-GAUCHE" AU **CNR**, SITUÉ À L'**ÉLYSÉE**. ELLE LUI EST RENDUE DANS LES DÉLAIS. SON INTERLOCUTEUR S'EN AMUSE.
AH, TU AS VU HEIN ! ON BOSSE POUR TOI HEIN !
ON TE FERA PASSER NOS HONORAIRES AUSSI !
ABSOLUMENT.
B. SQUARCINI
CONSULTANT
À L'IMAGE DE **BERNARD SQUARCINI**, DE PLUS EN PLUS DE HAUTS GRADÉS — ANCIENS POLICIERS, GENDARMES OU CADRES DU RENSEIGNEMENT — SONT RECRUTÉS PAR DES GRANDES ENTREPRISES EN FRANCE ET EN EUROPE.
POLICE NATIONALE
ACAB
LVMH
TOTAL
VEOLIA

EN 2019, MARTINE MONTEIL, LÉGENDE DE LA POLICE ET ANCIENNE PATRONNE DU 36 QUAI DES ORFÈVRES, A REJOINT PARTOUCHE, GÉANT FRANÇAIS DE L'INDUSTRIE DES CASINOS COMME CONSULTANTE.
PARTOUCHE

DENIS FAVIER, EX-PATRON DU GIGN PUIS DE LA GENDARMERIE NATIONALE, OCCUPE LE POSTE DE DIRECTEUR DE LA SÛRETÉ DE TOTAL DEPUIS 2016.
TOTAL

JEAN-LOUIS FIAMENGHI, EX-PATRON DU RAID, EST DEPUIS 2012 LE DIRECTEUR DE LA SÛRETÉ DE VEOLIA.
VEOLIA

CES ANCIENS **"GRANDS FLICS"** EXERCENT SOIT EN INDÉPENDANTS, EN OUVRANT LEUR PROPRE CABINET DE CONSEIL, SOIT COMME SALARIÉS DE GRANDES ENTREPRISES, SOUVENT PLACÉS À DES POSTES DE DIRECTEUR DE LA SÛRETÉ.

*TERME UTILISÉ POUR DÉSIGNER LE PASSAGE DU PUBLIC AU PRIVÉ.

ÇA FAIT MOINS DE DIX ANS QUE CE RECRUTEMENT DE POLICIERS PAR LE PRIVÉ MONTE EN PUISSANCE, ET ÇA S'EST ACCÉLÉRÉ DEPUIS CINQ ANS. LES PATRONS ONT VU QU'IL Y AVAIT DE GROS PROBLÈMES DANS LE DOMAINE DE LA SÉCURITÉ ET QUE LES PERTES COÛTAIENT TRÈS CHER.
IL FALLAIT DES GENS CAPABLES DE GÉRER UNE MULTITUDE DE PROBLÈMES : LES BREVETS, LA COMMUNICATION, LE CYBER, LE GARDIENNAGE...
ALAIN JUILLET, EX-DIRECTEUR DU RENSEIGNEMENT À LA DGSE, RECONVERTI DANS LE PRIVÉ.
CE QUI SUPPOSE UN BON NIVEAU D'ENTRAÎNEMENT ET DE FORMATION.
MOITIÉ FLIC,
MOITIÉ PRIVÉ,
100 % CORPORATE.
BONJOUR, JE VOUDRAIS PARLER À MIREILLE DU SERVICE COMPTA, S'IL VOUS PLAÎT.
J'ATTENDS, MERCI.
PRIVATECOP
LE FUTUR DES FORCES DE L'ORDRE
CE PHÉNOMÈNE EST ÉGALEMENT DÛ À L'ÉVOLUTION DE L'INSÉCURITÉ DANS LE MONDE, NOTAMMENT AVEC LA MONTÉE DU TERRORISME ISLAMISTE, MAIS AUSSI DE L'INTELLIGENCE ÉCONOMIQUE. LES ANGLO-SAXONS, ÇA FAIT LONGTEMPS QU'ILS EN ONT CONSCIENCE ET QU'ILS Y TRAVAILLENT.
PIERRE MARTINET, ANCIEN AGENT DU SERVICE "ACTION" DE LA DGSE, DIRECTEUR DE LA SOCIÉTÉ PRIVÉE WINCORP SECURITY DEFENSE, BASÉE À LONDRES.

LES ÉCARTS DE SALAIRES ET LES CONDITIONS DE TRAVAIL SUFFISENT SOUVENT À CONVAINCRE LES POLICIERS, GENDARMES OU AGENTS DU RENSEIGNEMENT DE REJOINDRE LE PRIVÉ.
200
PRENEZ UN COMMISSAIRE DE POLICE DANS UN COIN POPULAIRE DE PARIS.
CE N'EST PAS LA JOIE, IL EST DANS UN LOCAL SORDIDE, SANS MOYENS.
ALAIN JUILLET, EX-DGSE.
ET PUIS, ON LUI DIT : "TU VAS AVOIR UN BON BUREAU, TU AURAS DES TÉLÉPHONES, TU POURRAS VOYAGER..." C'EST TENTANT...

BAR
QUAND J'AI ENVISAGÉ D'ÊTRE DIRECTEUR DE LA SÛRETÉ DANS UNE ENTREPRISE, CE QUI NE S'EST PAS FAIT, LES POSTES QUE JE VISAIS ÉTAIENT RÉMUNÉRÉS ENTRE **120 000 ET 150 000 EUROS BRUTS PAR AN**. ET À L'ÉPOQUE, J'ÉTAIS COLONEL DE GENDARMERIE. JE DEVAIS ÊTRE À PEU PRÈS À 80 000 EUROS PAR AN.
DOMINIQUE LAPPRAND, EX-COLONEL DE GENDARMERIE, CONSULTANT POUR DES SOCIÉTÉS PRIVÉES.
DU CÔTÉ DES ENTREPRISES, EMBAUCHER DES "GRANDS FLICS" PERMET DE RENFORCER SA SÉCURITÉ MAIS AUSSI D'OBTENIR DES INFORMATIONS PRÉCIEUSES.
CE QUE CES SOCIÉTÉS RECHERCHENT CHEZ CES RECONVERTIS, C'EST D'ABORD LEURS **COMPÉTENCES SÉCURITAIRES**, ACQUISES GRATUITEMENT DANS LA FONCTION PUBLIQUE, ET LEURS IMPRESSIONNANTS **CARNETS D'ADRESSES**.
DANS DEUX HEURES AU PARKING HABITUEL ? PARFAIT, À TOUT À L'HEURE.
TELEPHONE
FRÉDÉRIC OCQUETEAU, CNRS.
COMME ELLES ONT EN GÉNÉRAL DES LIENS OFFICIELS TRÈS TÉNUS AVEC LES SERVICES DE RENSEIGNEMENT, ELLES ONT BESOIN DE DISPOSER DE **RÉSEAUX OFFICIEUX**.
VOUS ÊTES EN ÉTAT D'ARRESTATION !
RECYCLE AGENTS LTD
BIENVENUE !

QUAND ON EST ENCORE POLICIER, FAIRE DES HEURES SUP AU SERVICE DU PRIVÉ EN LUI FOURNISSANT DES INFORMATIONS GRATUITES OU PAYANTES, C'EST ILLÉGAL. DANS LE JARGON DE FLIC, ON APPELLE ÇA **"LA TRICOCHE"**.

*CONTACTÉ, **BERNARD SQUARCINI** N'A PAS SOUHAITÉ RÉPONDRE À NOS QUESTIONS PAR SOUCI DE "CONFIDENTIALITÉ".

IL NE FAUT PAS ÊTRE HYPOCRITE. QUAND VOUS AVEZ ÉTÉ POLICIER ET QUE VOUS ÊTES COPAIN AVEC UN COMMISSAIRE, VOUS LUI DEMANDEZ OÙ ON EN EST DANS TELLE AFFAIRE. ÇA, JE NE ME FAIS PAS D'ILLUSIONS, JE SUIS SÛR QUE ÇA EXISTE.
ALAIN JUILLET, EX-DGSE.
MAIS LES DIRECTEURS DE SÛRETÉ NE VONT PAS EUX-MÊMES CHERCHER L'INFORMATION, ILS SONT BIEN TROP PRUDENTS. ILS PASSENT PAR **DES SOUS-TRAITANTS**, DES BOÎTES SPÉCIALISÉES UN PEU DOUTEUSES, À LA LIMITE DE LA LÉGALITÉ. CE SONT ELLES QUI VONT ALLER À LA PÊCHE. LE CONTACT DIRECT ENTRE LE DIRECTEUR DE SÉCURITÉ ET UN "GRAND FLIC" EN EXERCICE, À PART **SQUARCINI** QUI S'EST FAIT PRENDRE, JE N'EN CONNAIS PAS BEAUCOUP.
83
PÊCHE & COPAINS
FERMÉ
L'AFFAIRE SQUARCINI RESTE EXCEPTIONNELLE PAR SON AMPLEUR. **SIX PERSONNES** ONT ÉTÉ MISES EN EXAMEN, DONT **CHRISTIAN FLAESCH**, ANCIEN PATRON DE LA POLICE JUDICIAIRE (PJ) PARISIENNE DE 2007 À 2013, POUR "VIOLATION DU SECRET DE L'ENQUÊTE". TOUTES SONT ENCORE PRÉSUMÉES INNOCENTES.

LA MAJORITÉ DES ANCIENS POLICIERS RECONVERTIS
DANS LE PRIVÉ N'ONT JAMAIS ÉTÉ INQUIÉTÉS PAR LA JUSTICE.

IL PEUT Y AVOIR DES DÉRIVES, ET, MALHEUREUSEMENT, J'AI TREMPÉ LÀ-DEDANS. IL Y A DES LIAISONS DANGEREUSES ENTRE LE PRIVÉ ET L'INSTITUTION. ET C'EST LÀ OÙ IL FAUT FAIRE ATTENTION. L'IMPORTANT, C'EST DE SAVOIR CE QU'ON PEUT FAIRE ET CE QU'IL EST INTERDIT DE FAIRE...
PIERRE MARTINET, EX-DGSE.

TRÈS COURANTE DANS LES PAYS ANGLO-SAXONS, CETTE RECONVERSION PRIVÉE DES GRANDS FLICS TOUCHE D'AUTRES PAYS EUROPÉENS. **L'ALLEMAGNE**, NOTAMMENT.
FÉVRIER 2019, **"EUROPEAN POLICE CONGRESS"**, ALEXANDERPLATZ, BERLIN.

DANS CE SALON EUROPÉEN, INDUSTRIELS ET POLICIERS SONT RÉUNIS, DANS UN CURIEUX MÉLANGE DE GENRES. PARMI LA CENTAINE DE STANDS, DE NOMBREUSES ENTREPRISES ISSUES DU SECTEUR DE LA SÉCURITÉ ET DE LA DÉFENSE COMME **AIRBUS**, MAIS AUSSI DU NUMÉRIQUE COMME **MICROSOFT**, **DELL**, OU ENCORE **ATOS**.
RBUS
Micro
AU STAND D'**HECKLER & KOCH**, LE PLUS GRAND FABRICANT D'ARMES À FEU EUROPÉEN, DES POLICIERS TESTENT LES PRODUITS.
Sometimes bigger isn't better.
Introducing the USP Compact pistol.
HK
HECKLER & KOCH
HK
HECKLER & KOCH
À QUELQUES MÈTRES, ON TROUVE **MARTIN TEXTOR**, ANCIEN CHEF DU SEK À BERLIN, L'ÉQUIVALENT ALLEMAND DU RAID.
AXON
IL REPRÉSENTE **AXON**, LA MARQUE QUI FABRIQUE LE **TASER**, LE FAMEUX PISTOLET À IMPULSION ÉLECTRIQUE.
TASER 7
AXON
DEVENU CONSULTANT UNE FOIS À LA RETRAITE DU SEK, **MARTIN TEXTOR** A RENCONTRÉ BEAUCOUP DE SYNDICALISTES ET POLICIERS À TRAVERS L'ALLEMAGNE.

GRÂCE À SES EFFORTS, DIT-IL, LE TASER AURAIT ÉTÉ INTRODUIT DANS LE LAND DE RHÉNANIE-PALATINAT.
J'AI PROFITÉ DU FAIT QUE JE SOIS TRÈS CONNU DANS LE MILIEU POLICIER.
MARTIN TEXTOR, EX-SEK.
PLUS LOIN, LE DEUXIÈME SYNDICAT DE POLICE ALLEMAND, LE :
DEUTSCHE POLIZEIGEWERKSCHAFT
DBB
DPolG
DEUTSCHE POLIZEIGEWERKSCHAFT
PARTAGE SON STAND AVEC JAPAN TOBACCO INTERNATIONAL (JTI).
DPolG
JTI
JTI
DPolG
SELON NOS INFORMATIONS, LE CIGARETTIER COFINANCE CE JOUR-LÀ LE STAND DU SYNDICAT POLICIER.
DPolG
La cigarette qui vous protège
IL FAUT UN ÉCHANGE ENTRE LES AUTORITÉS ET LE MONDE DES ENTREPRISES. IL Y A BIEN SÛR DES INTÉRÊTS PRIVÉS, MAIS JE NE PENSE PAS QU'UN POLICIER PUISSE CONTOURNER DES LOIS.
POLIZEISPIEGEL
Polizei am Pranger
SVEN-ERIK WECKER
DIRECTEUR GÉNÉRAL DU SYNDICAT DE POLICE DPOLG.
JTI N'EST PAS LA SEULE ENTREPRISE À FINANCER CE SYNDICAT DE POLICE.
LE DPOLG REÇOIT AUSSI DE LA PART DES ENTREPRISES, DE L'ARGENT, DES ARMES, DE L'ALCOOL OU ENCORE DES JEUX.
LA PLUPART DU TEMPS, LE FINANCEMENT SE FAIT VIA DES ANNONCES PUBLICITAIRES DANS LA REVUE SYNDICALE.
50
"TOP QUALITÄT UND HOHER GENUSS"
10
83,90€
49,-

*L'ORGANISATION INTERNATIONALE DE LA POLICE CRIMINELLE.

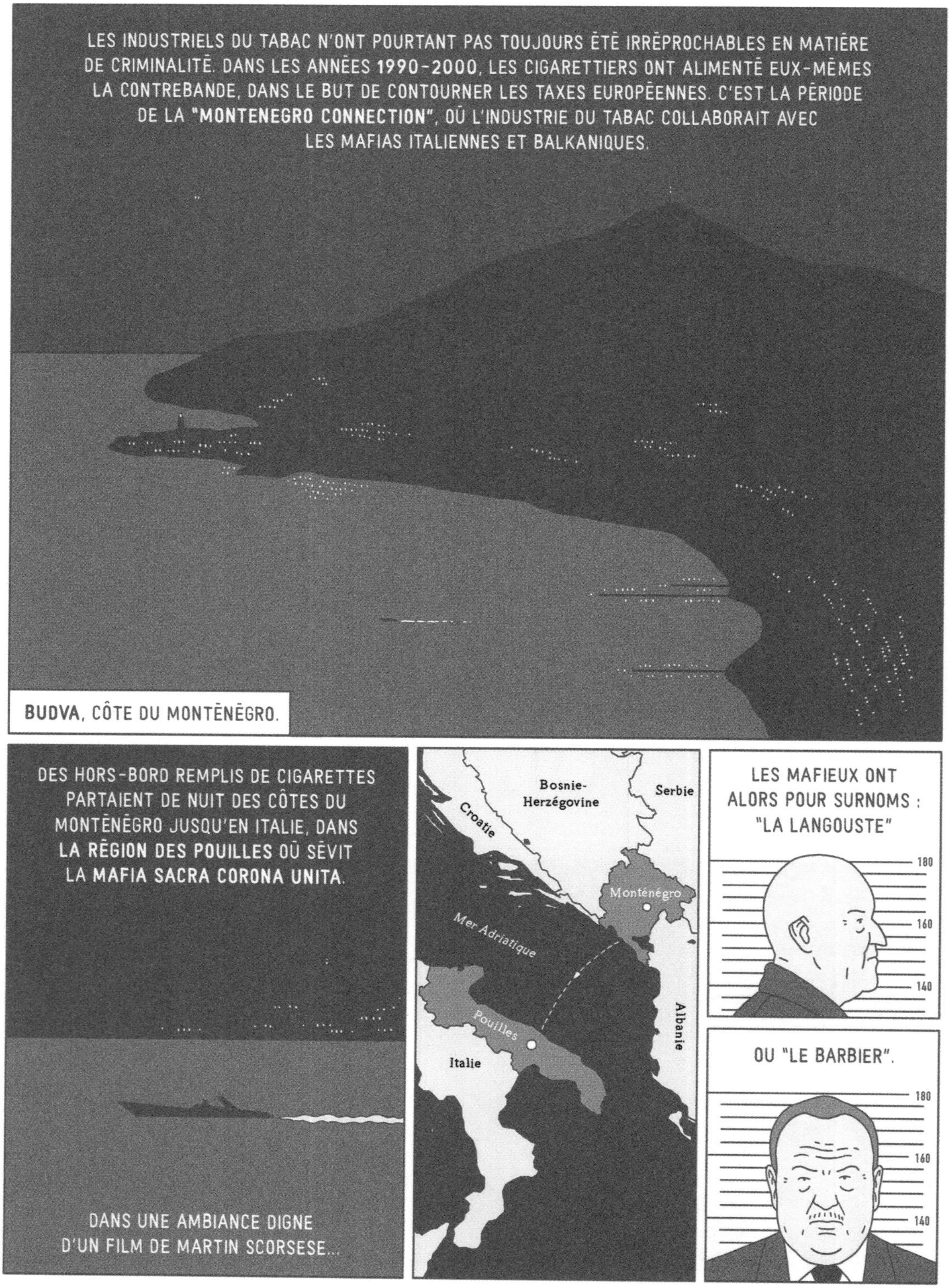
LES INDUSTRIELS DU TABAC N'ONT POURTANT PAS TOUJOURS ÉTÉ IRRÉPROCHABLES EN MATIÈRE DE CRIMINALITÉ. DANS LES ANNÉES **1990-2000**, LES CIGARETTIERS ONT ALIMENTÉ EUX-MÊMES LA CONTREBANDE, DANS LE BUT DE CONTOURNER LES TAXES EUROPÉENNES. C'EST LA PÉRIODE DE LA **"MONTENEGRO CONNECTION"**, OÙ L'INDUSTRIE DU TABAC COLLABORAIT AVEC LES MAFIAS ITALIENNES ET BALKANIQUES.
BUDVA, CÔTE DU MONTÉNÉGRO.
DES HORS-BORD REMPLIS DE CIGARETTES PARTAIENT DE NUIT DES CÔTES DU MONTÉNÉGRO JUSQU'EN ITALIE, DANS **LA RÉGION DES POUILLES** OÙ SÉVIT LA **MAFIA SACRA CORONA UNITA**.
DANS UNE AMBIANCE DIGNE D'UN FILM DE MARTIN SCORSESE...
Bosnie-Herzégovine
Serbie
Croatie
Monténégro
Mer Adriatique
Pouilles
Italie
Albanie
LES MAFIEUX ONT ALORS POUR SURNOMS : "LA LANGOUSTE"
180
160
140
OU "LE BARBIER".
180
160
140

AU DÉBUT DES ANNÉES 2000, LA COMMISSION EUROPÉENNE VA ENGAGER DES POURSUITES CONTRE LES GRANDS CIGARETTIERS DEVANT LA JUSTICE AMÉRICAINE.
BIG FOUR
LES "BIG FOUR" DU TABAC PROMETTENT ALORS DE MIEUX TRACER LEURS CIGARETTES
BIG FOUR
ET S'ENGAGENT À VERSER 2,15 MILLIARDS D'EUROS, NOTAMMENT À L'OFFICE EUROPÉEN DE LUTTE ANTIFRAUDE (OLAF).
MAIS CE DEAL A FAIT NAÎTRE DES CONFLITS D'INTÉRÊTS.
BIG FOUR
OLAF
PLUSIEURS ENQUÊTEURS EN LIAISON AVEC L'OLAF ONT ÉTÉ EMBAUCHÉS PAR LA SUITE PAR L'INDUSTRIE DU TABAC.
CHRISTOPH ÖHE, AUTRICHIEN, CHEZ PHILIP MORRIS, DE 2002 À 2013.
EUGENIJUS CIKOCKAS, LITUANIEN, CHEZ JAPAN TOBACCO DEPUIS 2013.
L'INDUSTRIE DU TABAC JURE AUJOURD'HUI QUE LA CONTREBANDE DE CIGARETTES EST UN FLÉAU.
Marlboro
PHILIP MORRIS
FILTER KINGS
SINCE 1913

*INFORMATION RÉVÉLÉE PAR LE QUOTIDIEN "LA LETTRE A".

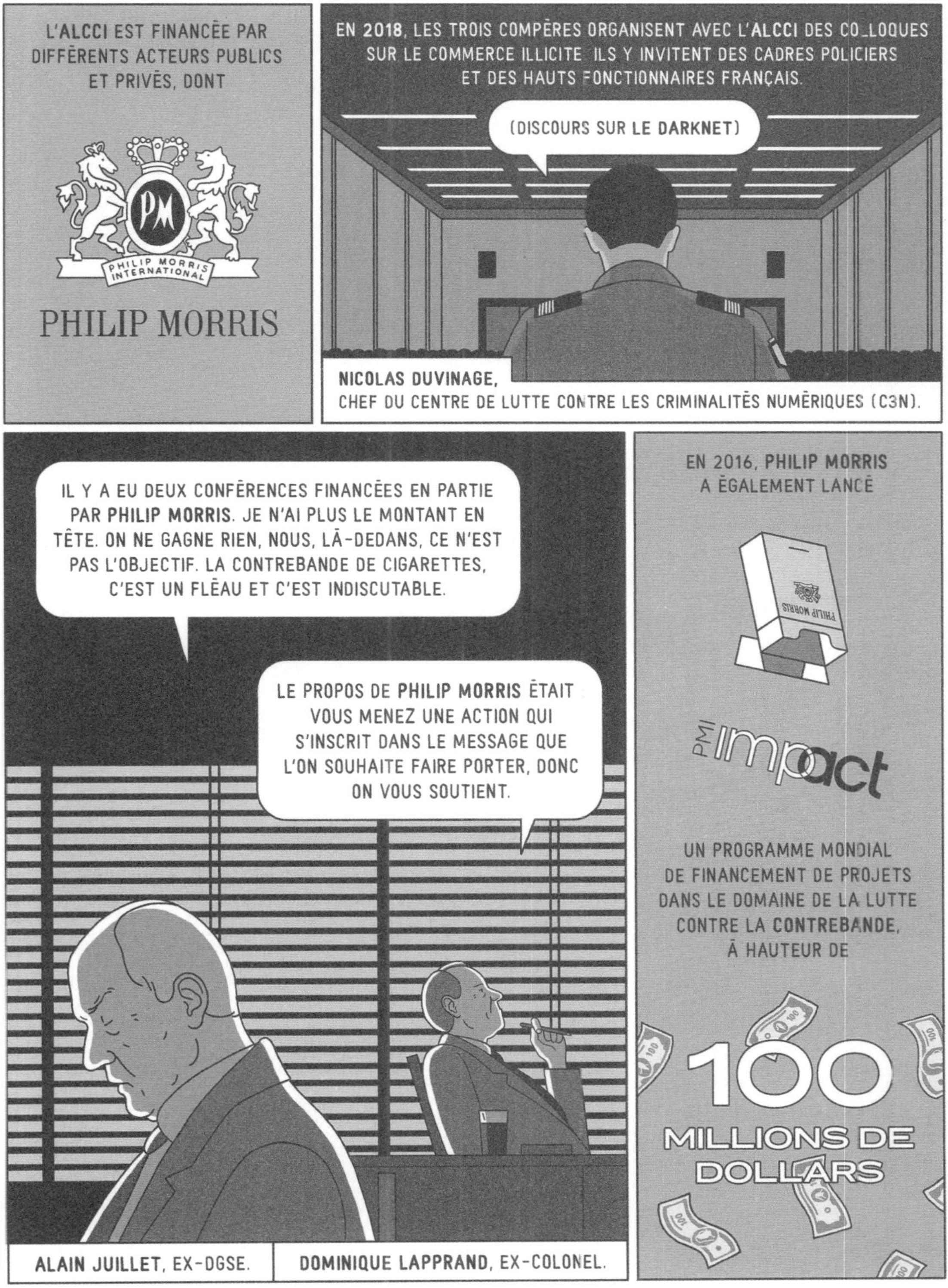
L'ALCCI EST FINANCÉE PAR DIFFÉRENTS ACTEURS PUBLICS ET PRIVÉS, DONT
PHILIP MORRIS
EN 2018, LES TROIS COMPÈRES ORGANISENT AVEC L'ALCCI DES COLLOQUES SUR LE COMMERCE ILLICITE. ILS Y INVITENT DES CADRES POLICIERS ET DES HAUTS FONCTIONNAIRES FRANÇAIS.
(DISCOURS SUR LE DARKNET)
NICOLAS DUVINAGE, CHEF DU CENTRE DE LUTTE CONTRE LES CRIMINALITÉS NUMÉRIQUES (C3N).
IL Y A EU DEUX CONFÉRENCES FINANCÉES EN PARTIE PAR PHILIP MORRIS. JE N'AI PLUS LE MONTANT EN TÊTE. ON NE GAGNE RIEN, NOUS, LÀ-DEDANS, CE N'EST PAS L'OBJECTIF. LA CONTREBANDE DE CIGARETTES, C'EST UN FLÉAU ET C'EST INDISCUTABLE.
LE PROPOS DE PHILIP MORRIS ÉTAIT VOUS MENEZ UNE ACTION QUI S'INSCRIT DANS LE MESSAGE QUE L'ON SOUHAITE FAIRE PORTER, DONC ON VOUS SOUTIENT.
ALAIN JUILLET, EX-DGSE.
DOMINIQUE LAPPRAND, EX-COLONEL.
EN 2016, PHILIP MORRIS A ÉGALEMENT LANCÉ
PMI impact
UN PROGRAMME MONDIAL DE FINANCEMENT DE PROJETS DANS LE DOMAINE DE LA LUTTE CONTRE LA CONTREBANDE, À HAUTEUR DE
100
MILLIONS DE DOLLARS

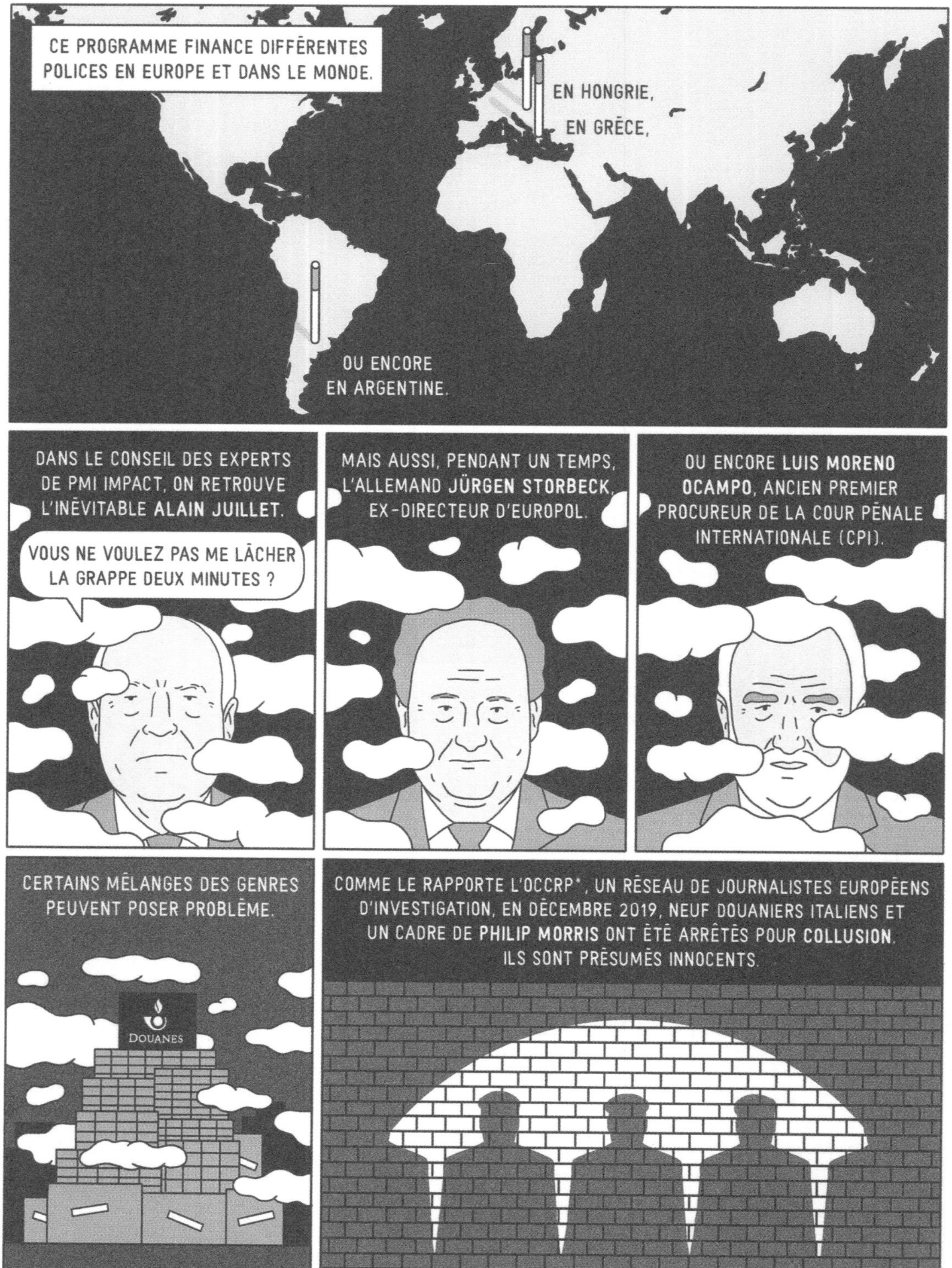

*ORGANIZED CRIME AND CORRUPTION REPORTING PROJECT.

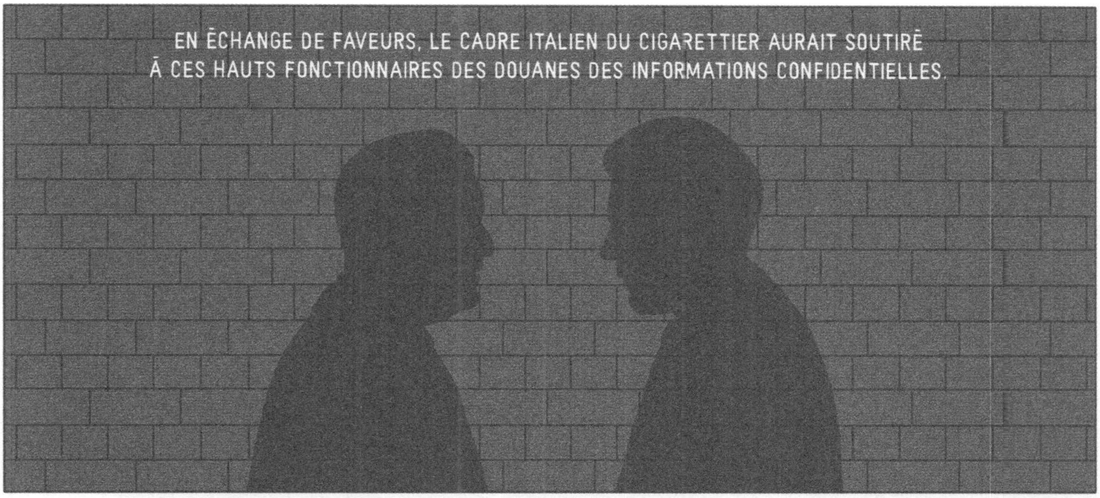
EN ÉCHANGE DE FAVEURS, LE CADRE ITALIEN DU CIGARETTIER AURAIT SOUTIRÉ
À CES HAUTS FONCTIONNAIRES DES DOUANES DES INFORMATIONS CONFIDENTIELLES.

RAPPELEZ-VOUS, DANS LE JARGON POLICIER, CELA PORTE UN NOM :
"LA TRICOCHE".
100
100
The End ?
100

Le gendarme de la sécurité privée sous le feu des critiques

Le pantouflage des « grands flics » s'inscrit dans une tendance plus large, celle de la privatisation de la sécurité qui remonte aux années 1980. Il aura fallu trente ans pour que cette activité fasse l'objet d'un contrôle... largement insuffisant.

©VINCENT ISORE/IP3

Alain Bauer, Claude Guéant et Jean-Louis Blanchou lors de l'installation du Conseil national des activités privées de sécurité.

En décembre 1981, un fait divers soulève l'émotion. Au Forum des Halles à Paris, une personne sans domicile fixe est tabassée à mort par des vigiles. *« On a pris conscience de l'existence de* "milices patronales" *dangereuses, des agents privés qui n'avaient pas du tout de statut et s'arrogeaient de fait des prérogatives de puissance publique »*, explique Frédéric Ocqueteau, directeur de recherche au CNRS, sociologue de la police et des activités de sécurité. En 2012, soit trente ans plus tard, un organisme public de contrôle, placé sous la tutelle du ministère de l'Intérieur, voit le jour. C'est la naissance du CNAPS, le Conseil national des activités privées de sécurité. Il surveille désormais l'ensemble du secteur.

Un premier bilan sévère

Doté d'un pouvoir de police administrative,

le CNAPS délivre les cartes professionnelles permettant aux agents privés d'exercer. Il est dirigé par un préfet et administré par un collège de vingt-cinq membres, partagé entre des représentants de l'État et des cadres du secteur privé. Mais le CNAPS est vivement critiqué. En 2018, la Cour des comptes a rendu un premier bilan sévère. *« Les résultats obtenus ne permettent pas à ce jour d'opérer une véritable sélection à l'entrée de la profession ni de l'assainir par des contrôles efficaces »,* concluent les sages de la rue Cambon, qui précisent que plus de neuf demandes sur dix de cartes professionnelles sont approuvées. Un agent avait par exemple pu obtenir une carte alors que des recherches laissaient apparaître trente et un faits de justice.

une affaire illustre les dérives

Les magistrats soulignent également que *« la présence de certains représentants de l'État manque de régularité »*. Cela laisserait le champ libre aux représentants du secteur privé et aux conflits d'intérêts. Aujourd'hui, la présidente du collège du CNAPS, Valérie Derouet-Mazoyer, est la coordinatrice du comité stratégique de la filière nucléaire chez EDF, après être passée par EADS et Areva. Quant à son prédécesseur, le médiatique Alain Bauer, il a occupé la fonction de 2012 à 2017, période au cours de laquelle il a continué à conseiller des entreprises du CAC 40, comme le cimentier Lafarge. Une affaire illustre à elle seule les dérives du CNAPS. En janvier 2016, son directeur de l'époque, le préfet et ex-grand flic Alain Gardère, est mis en examen, notamment pour prise illégale d'intérêts et corruption passive. Il est soupçonné d'avoir utilisé sa position et son réseau pour rendre des services à des entreprises en échange de cadeaux. En septembre 2020, comme *Libération* l'a rapporté, son ex-directeur de cabinet au CNAPS a écopé de trois mois de prison avec sursis pour *« complicité d'abus d'autorité »* et *« détournement de fonds publics »*.

Les agents de l'État laissent le champ libre à ceux du secteur privé et aux conflits d'intérêts

FRANCOIS GUILLOT / AFP

Après les interceptions téléphoniques diffusées par Mediapart, Bernard Squarcini a porté plainte.

making-of

« Notre première version était peuplée de policiers cigarettes aux lèvres. Nous cherchions à recréer l'atmosphère des films noirs des années 1940 : sombre et enfumée. Ce n'est qu'une fois le découpage achevé que notre avocat nous a rappelé (dans un twist digne des meilleurs polars) la loi Evin, très stricte sur la représentation du tabac. Exit les clopes au bec. Un smartphone à la place du paquet de cigarette. Un chapeau et un imper. Des ombres et des lumières. Nous voilà de retour dans un film de Billy Wilder. » **Fabien Roché**

À voir

Interpol, une police sous influence ?, **Mathieu Martinière et Robert Schmidt. Comment l'organisation mondiale de police a accepté l'argent du secteur privé.** Arte (2018).

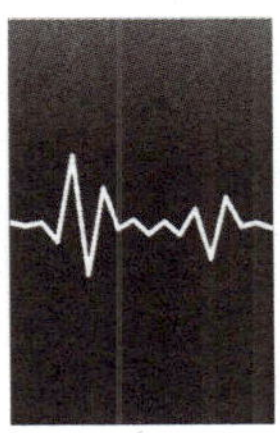

À écouter

Le Squale, opérations secrètes, **de Fabrice Arfi et Pascale Pascariello. Des écoutes sidérantes de l'ancien patron des services secrets intérieurs.** Mediapart (2020).

INCONSCIENCES

Le DDT. Côté pile, il sauve des vies. Après avoir vaincu le typhus, il se révèle être un allié de poids contre le paludisme. Côté face, il ravage les écosystèmes et la santé. En deux mots, il est polluant et persistant. Piégé en quantité considérable dans les glaciers de l'Arctique, ce pesticide hérité des années 1940 pourrait bien nous poursuivre encore des décennies…

CÉCILY DE VILLEPOIX

PAUL HERMANN MÜLLER EST NÉ LE 12 JANVIER 1899 À OLTEN, EN SUISSE.
ENFANT, IL EST SOLITAIRE ET AIME BRICOLER DES RADIOS OU DÉVELOPPER DES PHOTOS DANS SON PETIT LABORATOIRE. PASSIONNÉ DE CHIMIE, IL QUITTE L'ÉCOLE À 17 ANS POUR TRAVAILLER COMME ASSISTANT DANS L'USINE ÉLECTRIQUE LONZA À VIÈGE (SUISSE).
MÜLLER REPREND SES ÉTUDES EN 1918. IL OBTIENT SON DOCTORAT DE CHIMIE ORGANIQUE À BÂLE EN 1925. CETTE MÊME ANNÉE, IL REJOINT LA SOCIÉTÉ J. R. GEIGY.
LE CHIMISTE EST ÉGALEMENT UN BOTANISTE ACCOMPLI. IL JARDINE ET CULTIVE UN VASTE VERGER.
C'EST À PARTIR DE 1935 QU'IL ABANDONNE SES TRAVAUX SUR LES COLORANTS VÉGÉTAUX POUR ENTREPRENDRE DES RECHERCHES SUR LA PROTECTION DES PLANTES.
EN 1937, IL MET AU POINT LE « GRAMINONE ».
C'EST UN DÉSINFECTANT POUR SEMENCES, SANS MERCURE, C'EST PLUS SÛR !
WAOUH !
ET C'EST TOUT NATURELLEMENT QU'IL DÉCIDE DE TRAVAILLER SUR UN INSECTICIDE…
SANS ARSENIC !
C'EST PLUS CHIC !

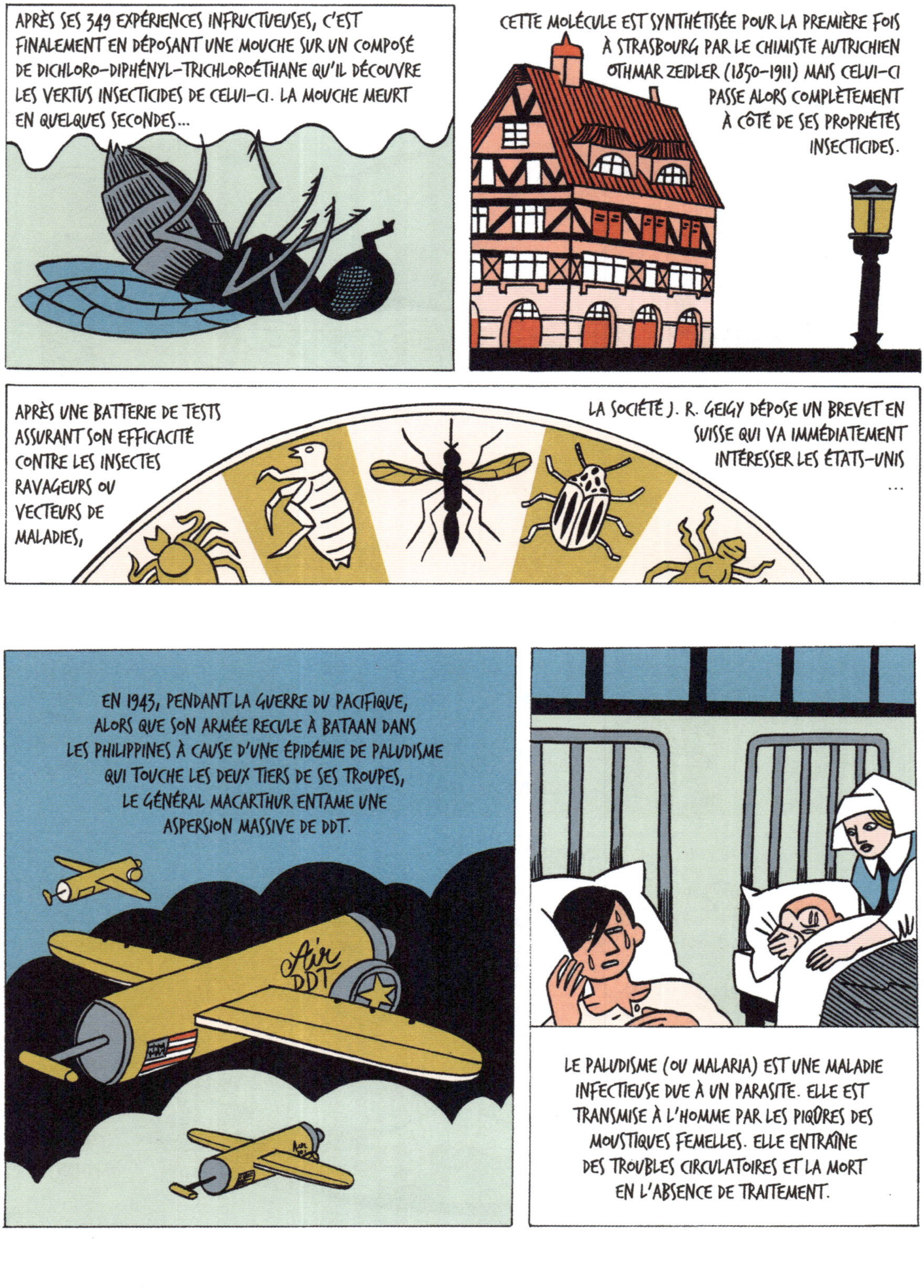
APRÈS SES 349 EXPÉRIENCES INFRUCTUEUSES, C'EST FINALEMENT EN DÉPOSANT UNE MOUCHE SUR UN COMPOSÉ DE DICHLORO-DIPHÉNYL-TRICHLOROÉTHANE QU'IL DÉCOUVRE LES VERTUS INSECTICIDES DE CELUI-CI. LA MOUCHE MEURT EN QUELQUES SECONDES...
CETTE MOLÉCULE EST SYNTHÉTISÉE POUR LA PREMIÈRE FOIS À STRASBOURG PAR LE CHIMISTE AUTRICHIEN OTHMAR ZEIDLER (1850-1911) MAIS CELUI-CI PASSE ALORS COMPLÈTEMENT À CÔTÉ DE SES PROPRIÉTÉS INSECTICIDES.
APRÈS UNE BATTERIE DE TESTS ASSURANT SON EFFICACITÉ CONTRE LES INSECTES RAVAGEURS OU VECTEURS DE MALADIES,
LA SOCIÉTÉ J. R. GEIGY DÉPOSE UN BREVET EN SUISSE QUI VA IMMÉDIATEMENT INTÉRESSER LES ÉTATS-UNIS ...
EN 1943, PENDANT LA GUERRE DU PACIFIQUE, ALORS QUE SON ARMÉE RECULE À BATAAN DANS LES PHILIPPINES À CAUSE D'UNE ÉPIDÉMIE DE PALUDISME QUI TOUCHE LES DEUX TIERS DE SES TROUPES, LE GÉNÉRAL MACARTHUR ENTAME UNE ASPERSION MASSIVE DE DDT.
Air DDT
LE PALUDISME (OU MALARIA) EST UNE MALADIE INFECTIEUSE DUE À UN PARASITE. ELLE EST TRANSMISE À L'HOMME PAR LES PIQÛRES DES MOUSTIQUES FEMELLES. ELLE ENTRAÎNE DES TROUBLES CIRCULATOIRES ET LA MORT EN L'ABSENCE DE TRAITEMENT.

REPRODUCTION D'UN ENCART PUBLICITAIRE POUR LE DDT («TIMES MAGAZINE», JUIN 1947).

PAS TOUT À FAIT SI ON SE PENCHE SUR UN RAPPORT CONFIDENTIEL RÉDIGÉ EN 1944 PAR HERBERT CALVERY, CHIMISTE À LA FOOD AND DRUG ADMINISTRATION.

LE DDT RESTE TOUTEFOIS AUTORISÉ PAR LE MINISTÈRE DE LA GUERRE AMÉRICAIN QUI SE CONTENTE DE PROSCRIRE LE TRAITEMENT DE L'EAU ET DES ANIMAUX CONSOMMÉS PAR LA POPULATION.

EN 1948, PAUL HERMANN MÜLLER, LE PÈRE «ADOPTIF» DU DDT, REÇOIT LE PRIX NOBEL DE MÉDECINE AVEC CETTE MENTION : «GRÂCE À VOUS, LA MÉDECINE PRÉVENTIVE PEUT À PRÉSENT COMBATTRE DE NOMBREUSES MALADIES TRANSMISES PAR LES INSECTES.»

IL EST LE PREMIER «NON-MÉDECIN» À RECEVOIR CETTE HONORABLE DISTINCTION.

MAIS, À PARTIR DE 1949, DES POPULATIONS D'INSECTES MANIFESTENT DES SIGNES DE RÉSISTANCE AU DDT…
MÊME PAS MAL !
À LA FIN DES ANNÉES 1950, C'EST LE COUP DE MASSUE ! LE DDT S'EST INFILTRÉ PARTOUT SUR LA PLANÈTE. DU PÔLE NORD AU PÔLE SUD, TOUS LES ANIMAUX SONT CONTAMINÉS.
LE DDT EST UN POP (POLLUANT ORGANIQUE PERSISTANT). IL EST STABLE ET SE PROPAGE DANS L'ATMOSPHÈRE, JUSQU'À DES RÉGIONS TRÈS ÉLOIGNÉES DE SON POINT D'ORIGINE.
IL S'ACCUMULE DANS LES TISSUS DES ANIMAUX AU FIL DU TEMPS, C'EST LA BIOACCUMULATION.
SOURIS JEUNE MOINS CONTAMINÉE
SOURIS ÂGÉE TRÈS CONTAMINÉE
LE DDT A PLUS D'IMPACT SUR LES ANIMAUX CARNIVORES QUE SUR CEUX QUI SE NOURRISSENT DE VÉGÉTAUX, C'EST LA BIOAMPLIFICATION.

LA CONTAMINATION SE FAIT PAR ABSORPTION. LE DDT SE FIXE DANS LES GRAISSES ET PEUT ENTRAÎNER DES MALADIES DU FOIE OU DU SYSTÈME NERVEUX. IL PEUT ÉGALEMENT TOUCHER GRAVEMENT LE SYSTÈME IMMUNITAIRE.
DDT
DANS SON LIVRE « PRINTEMPS SILENCIEUX », PUBLIÉ EN 1962, LA BIOLOGISTE RACHEL CARSON (1907-1964) ALERTE SUR LES EFFETS À LONG TERME DES INSECTICIDES ET SUR LA CATASTROPHE ÉCOLOGIQUE QUI EN DÉCOULERA.
SANS INSECTES PLUS D'OISEAUX. LA CHAÎNE ALIMENTAIRE EST BRISÉE ET CE SONT LES ÉCOSYSTÈMES QUI S'EFFONDRENT.
LE DDT A UN EFFET DÉVASTATEUR SUR LES COQUILLES DES ŒUFS DE RAPACES. IL LES RAMOLLIT ET CELA ENTRAÎNE LA MORT DES OISILLONS À VENIR. LE FAUCON PÈLERIN A BIEN FAILLI DISPARAÎTRE DE LA SURFACE DE LA PLANÈTE ...
DAVID PEAKALL
TOXICOLOGUE BRITANNIQUE
GRÂCE AUX TRAVAUX DE NOMBREUX SCIENTIFIQUES, LES RAVAGES DU DDT SONT MIS EN RELIEF. MAIS, CERTAINES ENTREPRISES DE PRODUITS CHIMIQUES VEULENT CONTINUER LEUR COURSE AU PROFIT ET MINIMISENT LES EFFETS DES INSECTICIDES SUR L'ENVIRONNEMENT. PENDANT DE NOMBREUSES ANNÉES, LES ÉCOLOGISTES SONT STIGMATISÉS, QUALIFIÉS DE « BABA COOL » DÉSIREUX DE FREINER LES PROGRÈS DE LA SCIENCE.
Y A QUELQU'UN ?
CES TRENTE DERNIÈRES ANNÉES, 80 % DES INSECTES ONT DISPARU EN EUROPE, PRINCIPALEMENT À CAUSE DES INSECTICIDES.
LE DDT EST MAINTENANT INTERDIT DANS LES PRODUITS AGRICOLES MAIS RESTE TOLÉRÉ POUR LUTTER CONTRE LES INSECTES VECTEURS DE MALADIES, PRINCIPALEMENT DANS DES PAYS TROPICAUX.
AU MAROC
EN NAMIBIE
EN ÉTHIOPIE
EN INDE

CONCERNANT LES EFFETS DU DDT SUR L'ORGANISME HUMAIN, IL SEMBLE QUE LES ÉTUDES MONTRENT QU'IL NE CAUSERAIT NI CANCER NI MALADIE.
Y A PAS BEAUCOUP D'ÉTUDES QUAND MÊME !
C'EST PAS FAUX !
IL APPARAÎT A CONTRARIO QUE LES EFFETS SUR LES POLLINISATEURS SONT CATASTROPHIQUES ET QUE LA DISPARITION DE CEUX-CI MÈNERAIT DES POPULATIONS ENTIÈRES À LA MALNUTRITION OU LA FAMINE.
MAIS D'AUTRES MÉTHODES AGRICOLES EXISTENT QUI, COMME LA PERMACULTURE, PRÔNENT UNE APPROCHE BASÉE SUR LE FONCTIONNEMENT NATUREL DES ÉCOSYSTÈMES.
LA NATURE SE RÉGULE TOUTE SEULE ET NOUS OFFRE DE LA NOURRITURE SAINE !
LA VÉRITABLE SAGESSE CONSISTE À NE PAS S'ÉCARTER DE LA NATURE MAIS À MOULER NOTRE CONDUITE SUR SES LOIS ET SON MODÈLE.
SÉNÈQUE - PHILOSOPHE ROMAIN (1-65 AP. J.-C.)
À VOULOIR TROP LA PROTÉGER, PAUL HERMANN MÜLLER A FAIT PESER UNE NOUVELLE MENACE SUR LA NATURE...
IL MEURT À BÂLE EN 1965, ENTOURÉ DES SIENS.
PAUL H MÜLLER 1899-1965

DE SIMEONI À SIMEONI

Ils sont nationalistes de père en fils. En 1975, Edmond Simeoni, le père, organise l'occupation de la cave d'Aléria, l'un des épisodes les plus marquants de l'histoire contemporaine corse. En 2015, Gilles Simeoni, le fils, arrive au pouvoir par les urnes. Quarante années de grande violence séparent l'engagement des deux hommes. Des conférences de presse d'hommes cagoulés aux opérations commando du FNLC, de Porto-Vecchio à Bastia, le nouveau livre d'enquête coédité par La Revue Dessinée retrace une histoire douloureuse et mouvementée, celle du nationalisme corse. À la veille de nouvelles élections régionales, nous en publions les bonnes feuilles et retournons à Aléria pour faire resurgir un moment oublié : l'acte fondateur de la lutte pour l'autonomie de l'île de Beauté.

HÉLÈNE CONSTANTY BENJAMIN ADÈS

LE 21 AOÛT 1975, DANS LA PLAINE ORIENTALE, DEUX JEUNES AJACCIENS, ALAIN ORSONI ET LÉO BATTESTI, ROULENT VERS ALÉRIA.
DIS-MOI, LÉO...
... ON VA OÙ EXACTEMENT ?
OCCUPER LA CAVE VITICOLE DEPEILLE.
DEPEILLE ?
UN COLON PIED-NOIR. IL A MIS LA MAIN SUR DES TERRES FERTILES DE LA PLAINE ORIENTALE.
EN PLUS, IL TRAFIQUE LE VIN.
À QUOI ÇA VA SERVIR ?
SI C'EST POUR JETER DES PIERRES, CE N'ÉTAIT PAS LA PEINE DE M'APPELER.
MAIS NON, TU VAS VOIR.
TU AS ENTENDU EDMOND L'AUTRE JOUR À CORTE ?

QUELQUES JOURS PLUS TÔT, À CORTE, LORS DU 9e CONGRÈS DE L'ACTION POUR LA RENAISSANCE CORSE (ARC), LE DISCOURS AUTONOMISTE DE SON FONDATEUR, EDMOND SIMEONI, A ÉLECTRISÉ LA JEUNESSE.
LE PEUPLE CORSE EST-IL EN DANGER DE MORT ?
ARC
ouiii !
LA CORSE DOIT-ELLE ÊTRE DÉCOLONISÉE ?
ouii !
FAUT-IL CHASSER LES COLONS ESCROCS ?
ouii !
ÊTES-VOUS PRÊTS À DÉCLENCHER DES GRÈVES ET DES MANIFESTATIONS DE SOUTIEN SI ON NOUS EMPRISONNE ?!
ÊTES-VOUS PRÊTS À CONTINUER UNE LUTTE SANS MERCI SI ON NOUS TUE ?
ouii !
UN RÉVOLUTIONNAIRE, OU IL GAGNE, OU IL MEURT !

ON EST ARRIVÉS.
C'EST LA CAVE DU COLON !
LÉO, ALAIN !
VENEZ ICI !
COLONS ESCROCS FORA
COLONS FORA
FORA
DIS, EDMOND, ON FAIT QUOI ?
ON REFAIT LA DÉCORATION ?!
COLONS FORA
VA PLUTÔT CHERCHER UN FUSIL AU LIEU DE FAIRE LE MALIN.

EDMOND SIMEONI ET SON FRÈRE MAX, DEUX JEUNES MÉDECINS BASTIAIS, FONDATEURS DE L'ARC, MILITENT CONTRE LA POLITIQUE "COLONIALE" DE L'ÉTAT FRANÇAIS.
ILS RÉCLAMENT PLUS D'AUTONOMIE POUR LA CORSE.
TERRA CORSA A I CORSI
COLONS FORA
EDMOND, QU'EST-CE QU'ON FAIT MAINTENANT ?
RIEN !
ON ATTEND.
COLONS FORA
TERRA CORSA A I CORSI
FORA

L'OCCUPATION DE LA CAVE VITICOLE VISE À DÉNONCER LES PRIVILÈGES DES RAPATRIÉS D'ALGÉRIE DE 1962 QUE L'ÉTAT A AIDÉS À S'INSTALLER EN CORSE, SUSCITANT LA COLÈRE DES JEUNES AGRICULTEURS DE L'ÎLE.
COLONS FORA
CORSA A i COR
TU CROIS QUE LES GENDARMES PEUVENT NOUS DÉLOGER PAR LA FORCE ?
ÇA M'ETONNERAIT, MAX... ILS SAVENT QUE NOUS SOMMES ARMÉS...
ÇA PEUT DÉGÉNÉRER !
UNE JOURNÉE PASSE, PUIS UNE NUIT...
IL EST PRÉVU QUE L'OCCUPATION DE LA CAVE DURE QUELQUES JOURS, LE TEMPS DE SENSIBILISER L'OPINION NATIONALE.

LE 22 AOÛT AU MATIN, EDMOND SIMEONI DONNE UNE INTERVIEW À UN JOURNALISTE.
DEPEILLE
ALORS, DOCTEUR, LES DISCOURS C'EST FINI ?
COLO
FORA
VOUS AVEZ FRANCHI UN POINT DE NON-RETOUR ?
NOUS EXIGEONS QUE LES BIENS DES ESCROCS SOIENT SAISIS ET REDISTRIBUÉS AUX JEUNES CORSES.
CE N'EST QU'UNE PREMIÈRE OPÉRATION. NOUS NE CÉDERONS PLUS UN SEUL POUCE !
AUTONOMIA
MERDE !
LES GENDARMES !
BLAM

MAIS... QUE SE PASSE-T-IL ?
C'EST LA VIGIE SUR LA CUVE !
OHÉ, LA VIGIE, TU AS TIRÉ ?!
OUI, EDMOND ! IL Y AVAIT DES GENDARMES.
RASSURE-TOI, ILS ONT DÉCAMPÉ VITE FAIT !
TCHOK
TCHOK
TCHOK
TCHOK
TCHOK
TCHOK
TCHOK
L'ÉTAT DÉCIDE DE DÉLOGER LES OCCUPANTS PAR LA FORCE.
DES MOYENS IMPRESSIONNANTS SONT DÉPLOYÉS : 1 200 GENDARMES, PLUSIEURS COMPAGNIES DE CRS, DES BLINDÉS, DES HÉLICOPTÈRES...
C'EST DINGUE !
ILS NOUS ONT ENVOYÉ UNE VÉRITABLE ARMÉE !

J'APPELLE LE PRÉFET...
IL FAUT NÉGOCIER AVANT QU'ILS DONNENT L'ASSAUT.
D'ACCORD.
LA LIGNE EST COUPÉE, MAIS PAS QUESTION DE SE RENDRE.
J'AI UNE IDÉE...
CLONG
AUTONOMIA
VOUS DEUX... VENEZ ICI !
?
METTEZ ÇA SUR VOS YEUX ET POSEZ LES FUSILS...
COLONS FORA
VOUS SEREZ DE FAUX OTAGES. ILS N'OSERONT PAS ATTAQUER.
LES SALAUDS... ILS ONT DES OTAGES !

ALORS... ILS EN DISENT QUOI, À PARIS ?
ON LANCE L'ASSAUT !
DERNIÈRE SOMMATION !
NOUS ALLONS FAIRE USAGE DE LA FORCE !
À 16H15 LE 22 AOÛT, L'ASSAUT EST DONNÉ.
PAN
TAKATAK
TAKATAK

POF
TAKATAK
LA FUSILLADE EST BRÈVE MAIS D'UNE INTENSE VIOLENCE.
TAKATAKATAKATAKATAKAT
PAN
PAN
PAN
DEUX GENDARMES SONT TUÉS...
TAKATAK
TAKATAK
ET UN MILITANT DE L'ARC GRIÈVEMENT BLESSÉ.
PAN
PAN
PAN
PAN
PAN
TAKATAK
TAKATAK
TAKATAK

ARRÊTEZ LES TIRS, MAX VEUT PARLER À TOUT LE MONDE.
ARC
CESSEZ LE FEU !
ORDRE DU MINISTRE !
ILS ONT DEUX MORTS ET NOUS UN BLESSÉ...
IL FAUT SE RENDRE !
DONNEZ-MOI VOS ARMES ET VOS PAPIERS.
AH ÇA NON !
HORS DE QUESTION !
SOYEZ RAISONNABLES...
MIEUX VAUT UN NATIONALISTE VIVANT QU'UN HÉROS MORT !

LAISSE-LES, MAX !
LA SEULE SOLUTION EST QUE JE ME RENDE.
ET SOUVENEZ-VOUS LONGTEMPS DE LA CAVE D'ALÉRIA !
EDMOND SIMEONI N'AURAIT JAMAIS IMAGINÉ QUE L'OCCUPATION DE LA CAVE TOURNE AU DRAME.
VOICI MON ARME, VOUS POUVEZ M'EMMENER.
COURAGE, MON FRÈRE...

IL SAIT CE QU'IL RISQUE : UN PROCÈS POUR TERRORISME DEVANT LA COUR DE SÛRETÉ DE L'ÉTAT...
... ET LA PEINE DE MORT.
LE COMBAT NE FAIT QUE COMMENCER !

AJACCIO, LE 17 DÉCEMBRE 2015.
AU NOM DE TOUS CEUX QUI, DEPUIS 1768, N'ONT CESSÉ DE COMBATTRE POUR QUE LA CORSE DEMEURE UNE NATION.
NOUS SOMMES ARRIVÉS ICI AVEC TOUS CEUX QUI, COMME NOUS, ONT TOUJOURS COMBATTU LES AUTORITÉS FRANÇAISES SUR LA TERRE DE CORSE.
NOUS SOMMES ARRIVÉS ICI AVEC TOUS LES NÔTRES ET NOUS SOMMES VENUS POUR TENDRE LA MAIN.
POUR TENDRE LA MAIN, MÊME AUX ENFANTS DE CEUX QUI, IL Y A TRENTE ANS, NOUS ONT COMBATTUS AVEC LES ARMES PAYÉES PAR LA FRANCE.

POUR TENDRE LA MAIN, À TOUS CEUX QUI, DIMANCHE, ONT APPRIS NOTRE VICTOIRE AVEC TRISTESSE ET INQUIÉTUDE.
NOUS LEUR DISONS : VOUS N'AVEZ RIEN À CRAINDRE.
LA CORSE APPARTIENT À TOUS LES CORSES.
ET LE GOUVERNEMENT NATIONAL, LE PREMIER DEPUIS LE XVIIIe SIÈCLE, SERA CELUI DE TOUS !

LES NATIONALISTES ONT PRIS LE POUVOIR À L'ASSEMBLÉE DE CORSE, SANS ARMES NI VIOLENCE, MAIS À L'ISSUE D'UN VOTE DÉMOCRATIQUE.
JEAN-GUY TALAMONI EST ÉLU PRÉSIDENT DE L'ASSEMBLÉE DE CORSE. IL PRONONCE SON PREMIER DISCOURS EN LANGUE CORSE.
DEMAIN, NOUS IRONS ENSEMBLE À PARIS ET À BRUXELLES, AVEC LA FORCE QUE NOUS ONT DONNÉE LES CORSES DIMANCHE.
ET NOUS NÉGOCIERONS LES MOYENS DE DROIT NÉCESSAIRES POUR FAIRE QUE LE PEUPLE CORSE VIVE BIEN ET QU'IL SOIT MAÎTRE SUR SA TERRE.
DEMAIN, NOUS OBTIENDRONS L'AMNISTIE DES PRISONNIERS ET DES RECHERCHÉS.
DEMAIN, LES PORTES DES PRISONS S'OUVRIRONT CAR LES CORSES LE VEULENT.
ET QUE PERSONNE NE POURRA S'OPPOSER À CETTE VOLONTÉ POPULAIRE.

* LONGUE VIE À LA NATION ! ** LONGUE VIE À LA CORSE !

* CHERS COMPATRIOTES. ** UNE LONGUE ROUTE.

À SUIVRE...

« On ne pose plus de bombes en revendiquant l'indépendance »

Hélène Constanty est journaliste. Elle partage sa vie entre Nice, Paris et la Corse. Elle a signé plusieurs livres d'enquête consacrés à l'île de Beauté dont *Razzia sur la Corse : des plasticages à la folie spéculative* (Éd. Fayard, 2012) et *Corse, l'étreinte mafieuse* (Éd. Fayard, 2018).

Avec l'occupation de la cave d'Aléria, en août 1975, le nationalisme corse revient, pour la première fois depuis deux siècles, sur le devant de la scène. S'ensuit une histoire faite de bombes, de trêves et de reprise des plasticages. Dans un climat apaisé par l'arrivée au pouvoir, sans armes ni violence, des nationalistes, élus en 2015 puis réélus en 2017 au Conseil exécutif de Corse, cette histoire peut enfin être racontée.

En quoi l'occupation de la cave d'Aléria est-elle un moment charnière ?

La fin des années 1960 est marquée par des revendications autour de l'identité corse et par l'émergence d'un mouvement, le Riacquistu, qui œuvre à la réappropriation d'un patrimoine culturel en voie d'extinction. Le mouvement nationaliste, lui, naît vraiment en 1975 avec l'occupation de cette cave et la répression qui a suivi. L'année suivante est marquée par la naissance du Front de libération nationale corse (FLNC) qui, par ses actions clandestines violentes, va faire parler de lui pendant plusieurs décennies.

Pourquoi raconter cette histoire aujourd'hui ?

On fait souvent un album de bande dessinée pour des raisons personnelles. Je suis

© AFP

L'occupation de la cave viticole d'Aléria en 1975 a marqué les esprits comme l'événement fondateur du nationalisme corse.

d'origine corse et j'ai vécu toute cette histoire, celle de la redécouverte d'une culture oubliée dans ma propre famille. Le nationalisme, c'est ma jeunesse, et j'ai suivi ce qui s'est passé avec passion. Cette histoire est récente et donc encore très douloureuse, avec des plaies à vif, mais l'arrivée au pouvoir des nationalistes en 2015 a marqué un tournant. Le moment était venu de la raconter.

En quoi était-ce nécessaire ?

On a une vision floue et déformée de l'histoire corse : souvent idéalisée et romantisée chez les jeunes Corses, négative et caricaturée sur le continent. Nous avons voulu faire une fresque historique en racontant les faits tels qu'ils se sont produits, des faits documentés, vérifiés, sourcés... Seuls certains dialogues ont été inventés pour rendre les scènes vivantes mais j'ai pris soin de ne pas trahir le cours des événements. Évidemment, ma vision personnelle transparaît. Ainsi, j'ai choisi de raconter les moments et les personnages qui me paraissaient les plus marquants.

ON A SOUVENT UNE VISION FLOUE ET DÉFORMÉE DE L'HISTOIRE CORSE, IDÉALISÉE OU CARICATURÉE

Ainsi, vous avez choisi de structurer le récit autour de Gilles et d'Edmond Simeoni...

Leur histoire familiale est très touchante. Après l'attaque de la cave d'Aléria, Gilles Simeoni a vu son père se défendre lui-même devant la Cour de justice de la République. Ce n'est certainement pas un hasard s'il a fait une carrière d'avocat avant de devenir président de la collectivité territoriale...

Quel regard portez-vous sur l'exercice du pouvoir par les nationalistes ?

Depuis cette victoire, portée par un grand élan et qui a suscité beaucoup d'espoir, on voit encore peu de résultats. Mais c'est bien une nouvelle page de l'histoire insulaire qui s'est ouverte : la violence nationaliste a disparu, on ne pose plus de bombes en revendiquant l'indépendance de la Corse. Aujourd'hui, les Corses ont d'autres soucis, comme la violence mafieuse et son infiltration dans les rouages de l'économie.

© FRANCOIS ANARDIN / AFP

Entre 1982 et 2010, Edmond Simeoni siège à plusieurs reprises à l'assemblée de Corse. À sa dernière élection en 2004, il en est le doyen. Il meurt en 2018, à l'âge de 84 ans.

À LIRE

Une histoire du nationalisme corse, **d'Hélène Constanty et Benjamin Adès. La première bande dessinée d'enquête sur le sujet.** Éd. La Revue Dessinée/Dargaud (2021).

À VOIR

Génération FLNC, **de Gilles Perez et Samuel Lajus. Ils ont combattu Paris et ses gouvernements pour défendre l'identité corse. Ce film est leur histoire.** Arte (2002).

AUTEURS ET AUTRICES

BENJAMIN BACHELIER
● COUVERTURE

Après les beaux-arts à Angoulême, il se consacre à l'illustration pour la presse et l'édition jeunesse, à la bande dessinée et à la peinture à l'huile sur grand format. Il a publié albums et couvertures aux éditions Casterman, Glénat, Nathan, et Actes Sud.

benjaminbachelier.com

AURORE PETIT
● AU PIED DE LA LETTRE - P. 6

Diplômée des Arts déco de Strasbourg, elle a publié une vingtaine de livres illustrés, chez Les Fourmis rouges et Actes Sud Junior.

AUDREY LEBEL
▼ ARMEMENT - P. 10

Journaliste indépendante, membre du collectif Les Journalopes. Un pied à l'Est, un œil sur les questions de féminisme et de droits des femmes, le nez fourré dans les enquêtes.

M. LEROUGE
▼ ARMEMENT - P. 10

Dessinateur pluridisciplinaire, il partage sa pratique entre graphisme, illustration, performances dessinées et différents projets de narration graphique dont la bande dessinée.

ARNAUD LE GOUËFFLEC
◆ MUSIQUE - P. 38

Il écrit des romans, des chansons et des scénarios de bande dessinée, comme celui d'*Une aventure de Mystère et Boule de Gomme*, dessinée par Pierre Malma chez Delcourt (2020). Sinon, il aime le rock bizarre.

arnaudlegouefflec.com

NICOLAS MOOG
◆ MUSIQUE - P. 38

Auteur de bande dessinée. Les dernières : *En roue libre*, Casterman (2018), et *La Vengeance de Croc-en-Jambe*, avec Matthias Lehmann, Fluide glacial (2019).

CLÉMENT LE FOLL
CLÉMENT POURÉ
▼ VIDÉOSURVEILLANCE - P. 46

Duo de journalistes depuis un an, ils enquêtent sur la surveillance de l'espace public et l'utilisation policière des nouvelles technologies. Leurs travaux sont publiés par Mediapart ou Les Jours. Ils sont membres du collectif Hors Cadre, basé à Pantin, qui réunit une vingtaine de journalistes et photographes pigistes.

@CollectifHC

JEAN-CHRISTOPHE MAZURIE
▼ VIDÉOSURVEILLANCE - P. 46

Commence à écrire et à dessiner des histoires pour la jeunesse tardivement et des bandes dessinées encore plus tardivement. Dernier livre : *Ni vu ni lu*, chez Delcourt (2019).

jcmazurie.wordpress.com

LISA BLUMEN
◆ SPORT - P. 84

Elle est née en 1994 à Roubaix. Diplômée de la HEAR, elle alterne sa pratique du dessin entre albums jeunesse, bandes dessinées et projets de micro éditions avec les copains.

superlisablumen

MAÏA COURTOIS
▼ GENS DU VOYAGE - P. 90

Journaliste pigiste, elle écrit sur les migrations, le travail social et les discriminations. Elle privilégie les enquêtes et reportages au long cours pour faire entendre les voix des premiers concernés.

@maia_courtois

GASPARD NJOCK
▼ GENS DU VOYAGE - P. 90

Né en 1985 au Cameroun, formé à Rome et à Paris, il se spécialise dans la recherche d'interactions entre l'art lyrique et la bande dessinée. Il publie en Italie pour Tunué et en France pour Nouveau Monde Éditions.

DESSINS : HERVÉ BOURHIS

JAMES
◆ LANGAGE - P. 122
Âge : trop. Poids : secret. Yeux : presbytie. Cheveux : de plus en plus épars. Arrivé sur le tard à la bande dessinée, il publie beaucoup depuis pour compenser.

ÉLISA GÉHIN
◆ PHOTO - P. 126
Passée par l'école Estienne et les Arts déco de Strasbourg, elle vit à Paris et travaille pour l'édition et la presse jeunesse.

FÉRIEL NAOURA
◆ PHOTO - P. 126
Photographe, elle endosse aussi le costume d'iconographe et de rédactrice. Elle collabore à la revue de photojournalisme *6MOIS*.

DAVID SERVENAY
▼ POLITIQUE - P. 128
Journaliste pour la radio (RFI), Internet (Rue89, Owni) et la bd (co-papa de *La Revue Dessinée* et de *Topo*), il écrit aussi des livres. Il essaie de démêler le vrai du faux, parfois en vain.

FABRICE ERRE
▼ POLITIQUE - P. 128
Né à Mulhouse, il expose de Spoleto à Riga en passant par Belgrade. Ses derniers livres sont sortis chez Arbitraire et Matière.

CÉCILE GUILLARD
◆ CINÉMA - P. 164
Elle concilie ses passions pour le dessin et les grands espaces. Elle a publié *Une vie de moche* chez Marabulles et *Cent Mille Ans* chez La Revue Dessinée/Le Seuil.

MATHIEU MARTINIÈRE
▼ GRANDS FLICS - P. 170
Cofondateur du collectif We Report, il collabore avec Mediapart, Disclose ou Mediacités. En 2018, il coréalise *Interpol, une police sous influence ?* (Arte).

ROBERT SCHMIDT
▼ GRANDS FLICS - P. 170
Cofondateur du collectif We Report, il enquête sur les conflits d'intérêts dans la police, les crimes environnementaux et les groupes extrémistes, pour des médias en allemand ainsi que pour Mediapart, Les Jours et Arte.

FABIEN ROCHÉ
▼ GRANDS FLICS - P. 170
Il jongle entre la bande dessinée, l'illustration et le graphisme. Son premier roman graphique *La Météorite de Hodges* paraît aux éditions Delcourt en mars 2021.
fabien__roche

CÉCILY DE VILLEPOIX
◆ DÉCOUVERTES - P. 194
S'intéresse aux sciences, occultes ou pas. De l'archéologie à l'ésotérisme en passant par la médecine. Elle a été scénographe, plasticienne et patronne de bar avant d'arriver à la bande dessinée.

HÉLÈNE CONSTANTY
▼ NATIONALISME CORSE - P. 202
Journaliste, autrice et scénariste, elle se passionne pour les mafias et la grande criminalité. Elle vit entre Nice, Paris et la Corse.
heleneconstanty.com

BENJAMIN ADÈS
▼ NATIONALISME CORSE - P. 202
Dessinateur, il travaille avec Hélène Constanty à un album sur le nationalisme corse, coédité par Dargaud et La Revue Dessinée (2021).
griscol

ALINE ZALKO
◆ ABONNEMENT ET EX-LIBRIS
Dessinatrice et peintre, elle collabore avec la presse, l'édition, le luxe et expose en galerie. Son travail regorge de nature sauvage, de paysages fantasmés et, souvent, de feu.

numéro 31

mars, avril, mai 2021

Date de parution
10 mars 2021

Directeur de la publication
Franck Bourgeron

Directeur de la rédaction
Sylvain Ricard

Rédactrice en chef
Amélie Mougey

Conception graphique
Elhadi Yazi

Direction artistique
Cat Gabillon

Maquette graphique
Léa Larrieu

Édition
Fériel Naoura et **Amélie Mougey**

Correction
Anne-Sophie Arnould
et **Fatima Camara**

Responsable communication
Anne Vacca

Secrétaire général
Jean-Philippe Salmon

Responsable administrative
Murielle Canta

Ont collaboré à ce numéro :
Rica, Virgile Raffaëlli (en savoir +), Hervé Bourhis (auteurs & autrices)

Abonnements :
abo@larevuedessinee.fr
01 76 44 02 42

La Revue Dessinée est éditée par LRD SAS, SAS au capital de 4668 €

Rédaction :
15, rue de la Fontaine-au-Roi, 75011 Paris
contact@larevuedessinee.fr

Fondateurs actionnaires :
Franck Bourgeron (président), Sylvain Ricard (directeur général) et David Servenay

Actionnaires : F&S, Jean-Hubert Gallouet, Patrick Goux, Nicolas Gouju, Arnaud Bertin et Emmanuel Hurault

Impression et façonnage :
STIGE s.p.a. Via Pescarito, 110, 10099 San Mauro (TO), Italie

Fabrication : CPE conseil

Photogravure : Apex Graphic

Diffusion : Delsol

Distribution : Hachette

Commission paritaire : 0924 D 91934

ISSN : 0753-3454

ISBN : 979-10-92530-96-4

Hachette : 2058144

Dépôt légal : mars 2021

PEFC
PEFC/18-31-107

Papiers 100 % PEFC
Papier intérieur : Allemagne
Papier couverture : Italie
Taux de fibres recyclées : 0%
Impact sur l'eau : Ptot 0,05 kg/tonne

LA REVUE DESSINÉE CONTIENT UN ENCART ABONNEMENT ET UN EX-LIBRIS (TIRAGE ABONNÉS) SIGNÉS ALINE ZALKO.

TOPO est une revue du groupe de La Revue Dessinée.

L'UPPERCUT DE THIBAUT SOULCIÉ

Chaque semaine, retrouvez les dessins
de la rédaction sur nos réseaux sociaux.